融媒时代
传媒人才培养新探
RONGMEI SHIDAI
CHUANMEI RENCAI PEIYANG XINTAN

王 敏 ◎ 著

中国广播影视出版社

图书在版编目（CIP）数据

融媒时代传媒人才培养新探/王敏著. --北京：
中国广播影视出版社，2018.9（2024.3重印）
ISBN 978－7－5043－8195－8

Ⅰ．①融… Ⅱ．①王… Ⅲ．①传播媒介—人才培养—
研究—中国 Ⅳ．①G219.2

中国版本图书馆 CIP 数据核字（2018）第 228269 号

融媒时代传媒人才培养新探
王敏　著

责任编辑　杨　凡
封面设计　文人雅士

出版发行　中国广播影视出版社
电　　话　010－86093580　010－86093583
社　　址　北京市西城区真武庙二条 9 号
邮　　编　100045
网　　址　www.crtp.com.cn
电子信箱　crtp8@sina.com

经　　销　全国各地新华书店
印　　刷　三河市同力彩印有限公司

开　　本　710 毫米×1000 毫米　1/16
字　　数　210(千)字
印　　张　14.75
版　　次　2018 年 9 月第 1 版　2024 年 3 月第 2 次印刷

书　　号　ISBN 978－7－5043－8195－8
定　　价　50.00 元

前　言

　　随着传媒技术的进步和传媒业自身的发展，传统媒体和新兴媒体两者间已从以往的对立和竞争关系趋于融合，形成了"资源通融、内容兼容、传播互融、利益共融"的融媒体。而这，也是目前最为主流、最受欢迎的传媒业态。这是现状，更是未来传媒发展的趋势。融媒体正以崭新的形态和面貌，通过先进的传播技术和优质的内容与服务，在新的媒介生态中发挥着前所未有的作用与价值。融媒体时代已经到来，但它的未来会给传媒业带来哪些惊喜和变化，很大程度上取决于传媒从业者的素质、能力、修养，以及他们的创新精神和创新能力，这也为我国的传媒教育工作提出了新的要求。在融媒体时代，我们的传媒教育工作面临着新的形势和新的挑战，为了向传媒业提供具备国际视野，有责任担当，有创新精神和融媒体技能的高素质传媒人才，我们需要与时俱进的开展传媒教育。

　　本书共分七章，分别为媒体融合的相关阐释；融媒时代的新闻及新闻传播教育；融媒时代新闻采编人才、播音主持人才、广告策划人才的培养以及融媒时代高校传媒教育创新探究。全书注重对传媒行业的现状分析，以及融媒时代传媒人才的基本素质、培养方式与创新拓展。在阐述基本专业理论的同时，更加注重传媒行业人才培养的实践研究，使传媒教育理论与实践、前沿相结合，使传媒教育更加适应社会所需。因为"融媒时代"

这一概念的提出时间并不长，本书的研究也并不一定深刻、全面，只期本书的阐述能对当下传媒教育观念与实践的变革和创新具有一些现实的指导意义。

本书在撰写过程中，参阅了大量有关媒体融合、新闻传播方面的书籍和资料，也引用了其中一些学者和业内专家的研究和实践成果，在此表示真挚的感谢！由于时间较为有限，书中难免存在一些不妥之处，恳请广大读者在阅读和使用中提出宝贵意见，以便将来更好的完善本书。

王敏

2018 年 5 月

目 录

第一章　绪论

　　媒体（Media）一词来源于拉丁语"Medius"，音译为媒介。媒体是指传播信息的媒介。它是指人借助用来传递信息与获取信息的工具、渠道、载体、中介物或技术手段。近年来，随着科学技术的发展，人们获得信息的方式方法越来越多，面对呈几何倍增长的海量信息，传统媒体的覆盖面越来越少，新媒体逐渐引起人们的关注。技术的发展推动了新媒体的不断产生，互联网技术与数字技术的应用加速了媒体融合的进程，人类传播就此进入媒体融合时代。

第一节　媒体融合的内涵与类型

一、媒体融合的内涵

　　"媒体融合"（Media Convergence），最早由美国马萨诸塞州理工大学教授浦尔提出，原意是指各种媒介呈现多功能一体化的趋势。其概念应该包括狭义和广义两种，狭义的概念是指将不同的媒介形态"融合"在一起，产生"质变"，形成一种新的媒介形态，如电子杂志、博客新闻、新闻客户端等；而广义的"媒介融合"则范围广阔，包括一切媒介及其有关要素的结合、汇聚甚至融合，不仅包括媒介形态的融合，还包括媒介功能、传播手段、所有权、组织结构等要素的融合。也就是说，"媒体融合"是信息传输通道的多元化下的新作业模式，是把报纸、电视台、电台等传统媒体，与互联网、手机、手持智能终端穿戴设备等新兴媒体传播通道有效结合起来，资源共享，集中处理，衍生出不同形式的信息产品，然后通过不同的平台传播给受众。媒体融合是信息时代背景下一种媒介发展的理念，是在互联网迅猛发展基础上的传统媒体的有机整合，这种整合体现在三个方面：人才的融合、技术的融合和经营方式的融合。

在探究媒体融合内涵的过程中，我们会发现，不论是在国外还是在国内，媒体融合都不是一个封闭的概念，因为媒体融合本身就是一个动态发展的过程，它会随着媒介技术的进步不断丰富自己的内涵。因此，我们理解"媒体融合"，也要从这一概念的发展演变入手。

（一）国外媒体融合概念的发展

"融合"（Convergence）一词最初源于科学领域，1978 年，美国麻省理工学院的尼古拉·尼葛洛庞蒂（Nicholas Negroponte）用三个相互交叠的圆圈（分别代表"广播和动画业""电脑业""印刷和出版业"）来演示和描述媒介技术边界趋于重叠的聚合过程，并认为三者的交叉处将成为成长最快、创新最多的领域。在此基础上，他将媒体融合理解为"各种各样的技术和媒介形式都在汇集到一起"。这被认为对媒体融合的最早阐释。

1983 年，美国马萨诸塞州理工大学的伊契尔·索勒·普尔（IthielDe Sola Pool）教授在其《自由的科技》（*The Technologies of Freedom*）一书中提出媒体融合就是各种媒介呈现出多功能一体化的发展趋势。在这种趋势下，

"一种物理形态的网络将能够承载所有类型的媒介服务，而一种媒介服务也可以发布于任何物理形态的网络。"可知，普尔对媒体融合概念的界定集中在媒介技术的融合，即借助技术发展的优势将文字、图片、声音等各种媒介合为一体，今天的互联网和智能手机就是这一媒介技术融合的典型代表。

2003 年，美国西北大学教授里奇·戈登（Rich Gordon）进一步总结了媒体融合在不同语境下的六种内涵，即媒介技术融合、媒体所有权合并、媒体战术性联合、媒体组织结构性融合、新闻采访技能融合以及新闻叙事形式融合。这对媒体融合的内涵有了更为全面的描述。

2006 年，亨利·詹金斯的《融合文化：新媒体和旧媒体的冲突地带》（Convergence culture where old and new media collide）一书问世，在书中，詹金斯用大量的实例论述了在媒体融合背景下，受众亚群体的融合以及文化的融合，这是当前由于媒体融合而引起的文化领域的新变化。

2012 年，丹麦学者克劳斯·布鲁恩·延森的《媒体融合：网络传播、大众传播和人际传播的三重维度》由刘君翻译成中文，成为研究媒体融合的又一部重要的作品。在该书中，延森论述了由于媒介技术的发展，互联网通过重新整合、塑造各个媒介在新兴的网络语境下的可能性而使得印刷媒介、视听媒介再度媒介化了，而这恰恰是当前媒体融合的最新动态。

从上述这些研究中我们可以清晰地看到，国外学者对媒体融合概念的界定与理解同媒体融合本身的不断发展相一致，这也再一次强有力的验证了很多学者强调的：媒体融合是一个动态的过程。

（二）国内媒体融合概念的发展

国内学者对媒体融合概念的理解经历了一个由模糊到清晰，由众说纷纭到渐趋一致的过程，这个过程既受到国外传播学学者研究的影响，也受到媒介技术在现实社会中突飞猛进的发展之影响。

最早提到"媒体融合"这个概念的是中国人民大学的蔡雯教授。2005年，她引入美国新闻学会媒介研究中心主任安德鲁·纳齐森（Andrew Nachison）的媒体融合概念，即"印刷的、音频的、视频的、互动性数字媒体组织之间的战略的、操作的、文化的联盟"。在这之后的五六年间，蔡雯在《国际新闻界》《今传媒》《新闻战线》《中国记者》《新闻记者》等众多的刊物中发表了十几篇有关媒体融合的文章，代表性的有2006年的《媒体融合前景下的新闻传播变革——试论"融合新闻"及挑战》（《国际会议》）；2007年的《规制变革：媒体融合发展的必要前提——对世界多国媒介管理现状的比较与思考》（《国际新闻界》）；2007年的《媒体融合形势下如何实现内容重整与报道创新——再论"融合新闻"及其实施策略》（《新闻战线》）；2007年的《从"超级记者"到"超级团队"——西方媒体"融合新闻"的实践和理论》（《中国记者》）；2009年的《媒体融合前景下的新闻传播变革与新闻教育改革》（《今传媒》）；2009年的《资源整合：媒体融合进程中的一道难题》（《新闻记者》）；2009年的《角度·视野·轨迹——试析有关"媒体融合"的研究》（《国际新闻界》）；2009年的《融合：新闻传播正在发生重大变革》（《新闻战线》）等，多从新闻业务的角度谈媒体融合，其研究"限定在一定新闻研究论域之内，没有超出新闻业务融合的范围。"

与此同时，随着媒介技术的发展，媒体融合趋势在中国的凸显，孟建、赵元珂、喻国明、高钢、黄建友、石义彬、丁柏铨等人也纷纷撰文，对"媒体融合"进行阐述。这些学者的研究可以分为两类：

第一类学者就媒体融合本身进行探讨。比如：复旦大学新闻学院孟建、赵元珂指出，"'媒体融合'就其表现形式而言，主要有两种，其一是在传媒业界跨领域的整合与并购"，"其二则是媒介技术的融合，将新的媒介技术与旧的媒介技术联合起来形成新的传播手段，甚至是全新的媒介形态。"中国人民大学的喻国明、戴元初指出媒体融合"是指基于数字化技术的不同媒介之间的资源共享，是电视媒体获得市场竞争力的一种有效策略。"陈国权认为："媒体融合是一种嫁接模式，嫁接了各方优势，取长补短，然后发挥自己的个性特点和优势，获得本媒介的核心竞争力。而不应是所有的媒介形态都'融合'成一种无所不包、什么都有、样样都精通的媒介形态"。南京大学的丁柏铨则认为："媒体融合是由新媒体及其他相关因素所促成的媒介间在诸多方面的相交融的状态"，可以将其理解为以下三个层面上的融合：其一是物质层面（即工具层面）的融合，其二是操作层面（即业务层面）的融合，其三是理念层面（即意识层面）的融合。

第二类学者的研究并没有囿于媒体融合本身在哪几个层面或者是如何融合的，而是更加敏锐地意识到媒体融合是一个持续不断、动态发展的过程，并开始着力于探讨这个动态发展过程对其他方面的影响，比如社会，比如文化。2007 年，中国人民大学的高钢首先提出媒体融合的这一动态特性，他说："如同历史上呈现过的信息传播技术的进步和媒体传播形态的演进一样，媒体融合是人类在信息传播过程中追求的达及信息传播理想境界的过程。只要人类的信息需求在变化，只要信息传播技术在发展，媒体融合就不可能是一个定态，它不可能终结。"2009 年，西安外国语大学的黄建友进一步指出："媒体融合这一概念诞生的背景是数字技术的推动，媒体融合本身就是一个动态发展的过程，它会随着不同体制下媒体的发展呈现出不同的形态。"2011 年，陈伟军从文化研究的视角指出："作为一种全新实践和话语重组，媒介及其相关要素的会聚与整合，其影响不仅在技术层面，它还会对我们时代的文化生态和思想框架造成巨大冲击。"2012 年，武汉大学的南长森、石义彬提出"媒体融合是全球一体化发展的必然趋势，是新闻生产的新理念、新方式呈现出的拟态行为；其实质是一些市场化运作程度高的传媒企业利用跨国企业全球扩张寻求传媒企业新闻生产最大利润和传播效果的良好愿望和企图；其诱因是新闻竞争的加剧和新媒体技术传播传受互动、网主天下规则的改变。"

由上述梳理我们可以看到，国内有关媒体融合的早期研究受到国外研究的影响，不论是蔡雯的引入，孟建、赵元珂的两种表现形式，还是丁柏铨的三个层面的融合无一不受到西方传播学研究的影响。在学习西方的过程中，学者们又亲历了21世纪开始的媒体融合突飞猛进的变化，在这样的实践中，对媒体融合的认知又有了新的进展，达成的共识是：媒体融合是媒介发展到现阶段的表现形式，是一个持续的动态过程，随着媒介技术的进步，媒体融合还将继续发展演变。我们要做的，就是探究在这样的演变发展过程中，它将对人、社会、文化产生怎样的影响。这也是学者们对媒体融合这个概念的一个界定：它是基于数字化、网络化技术的推动而导致的不同媒介之间的边界模糊甚至消失的现象和过程。这个过程是动态的、持续的、不断变化的，本书的重要使命就是要探寻这一过程中社会的变化、文化的变化以及传媒教育在这一过程中的变化。

二、媒体融合的类型

传统媒体可以在大数据的驱动下寻求与新媒体融合的接口。借助新媒体技术手段，在传播理念、传播内容、传播渠道、营销渠道和舆论导向等方面进行融合发展。从媒体融合发展的不同阶段看，主要有内容融合、渠道融合和运行机制融合三种融合类型。

（一）内容融合

新媒体与传统媒体都是依靠内容吸引用户，而传统媒体在内容制作方面有着明显的优势。传统电视媒体在内容采编、品牌维护等方面有着一定的比较优势，与新媒体的融合过程中应当充分利用传统媒体这一优势。即，以内容为抓手，将传统媒体的优质内容数字化、网络化，对内容以适当的处理后，用新媒体的传播渠道与全新的报道方式呈现出来。

数字化内容是指将传统媒体所提供的优质内容通过计算机技术、程序设计进行编码，将初始的文字、音频、视频变为能够利用新媒体传播的存储形式。一方面，传统媒体的优质内容得以存储与收藏，便于档案管理与史料研究；另一方面，数字化后的内容能真正的与新媒体进行融合。它是用新媒体的承载与表现形式来处理传统媒体的内容。

网络化内容是在内容呈现于传播媒介上的融合。网络化就是指将媒体内容通过计算机互联网联系在一起，一般网民就是媒体内容的受众。网络化是新媒体的传播手段，其优势在于更加便捷、更加开放。新旧媒体的内容在网络平台上很自然地实现优势互补。这种内容融合的模式主要是新旧媒体融合初期所依赖的主要类型。即，简单地利用现代编程技术，将传统媒体内容与新媒体内容数字化，进而网络化，在公共网络平台上实现对接、融合，可以简单地理解为用新媒体技术传播旧媒体内容。

（二）渠道融合

传媒行业产品的特点是它们属于一次性消耗品，这一点不论新媒体还是传统媒体都遵循着这一规律。但相较于单一的传播渠道，多种渠道的融合能够提高传媒产品的利用率，避免重复劳动，减少资源浪费。新媒体与传统媒体之间的融合很大程度上是拓宽原有媒体内容的传播渠道，以最低的成本获得最大的效应。

大数据下新媒体传播渠道的特征是多元化、技术化。多元化意味着新媒体的传播渠道相较于旧媒体更加多样化。在大数据时代，互联网渠道、手机互联网渠道以及物联网体验渠道都得以发展。新媒体运用这些新的渠道传播信息，其中网络渠道是主要通道，海量、即时的信息都是通过网络媒体发布的。技术化是指新媒体充分利用现代先进的科学技术拓宽媒体的传播渠道以及媒体内容的表现方式。特别是 3D、AR、VR 技术给新媒体带来全新的展现方式。媒体信息内容不再像旧媒体时代只是由枯燥的文字与一成不变的人工播音来表现，而是充分利用声光电技术，给受众最直观的感受，使其有身临其境的体验，媒体内容的展现形式更加容易被受众接受且印象深刻。

这种融合模式是革命式的，即用新媒体渠道代替旧媒体渠道。当然，这种融合同时也是渐近式的。在经济发展较落后，技术还不发达地区，新媒体渠道的建设还有待完善。这些地区旧媒体渠道往往较为成熟，新旧媒体的渠道融合关键在于对已有旧媒体传播渠道进行技术化改造。

（三）运行机制的融合

新媒体对传统媒体受众的拓展，即对潜在市场的开发作用特别明显。在新旧媒体的融合过程中，不断挖掘受众新的需求，从而推动传媒业的不断发展。从这个意义上看，所谓市场融合即是指新旧媒体发挥各自比较优势，在市场拓展上下功夫，突破传统媒体下的市场约束。

新媒体在拓展尤其是挖掘潜在传媒市场方面有着很大的优势。首先，新媒体借助最新科技成果，传播渠道多样化，大到全球互联网媒体，小到个人掌上电脑或手机电话。海量的手机 APP 应用让媒体信息变得触手可及，每个拥有智能手机的人都可能成为媒体业的受众。其次，定制化服务将媒体传播服务化被动为主动。定制化服务根据不同消费者的个性化需求将市场细分为若干个细分市场，定时对不同的细分市场对象推送不同的信息，有针对性的信息服务不仅更准确地找到合适的受众，也不会引起受众的厌恶。

这一融合模式下，媒体市场是一个大市场的概念。即传统旧媒体与新媒体同处于一个市场下，全社会成员都可能成为传媒业的受众。新旧媒体在开拓潜在市场上有着共同目标，而开拓市场也是新旧媒体共同的任务，新旧媒体更有动力进行市场融合。而且新旧媒体融合能有效降低市场壁垒。一旦新的受众出现，通过新旧媒体的融合，优质信息内容通过新旧媒体的多种传播渠道很快进入受众的眼球，为受众所接收。总之，新旧媒体融合发展的不同模式是依赖于新旧媒体各自禀赋、比较优势，取长补短的融合过程。传统媒体提供优质内容与制作技术，新媒体提供最新传播媒介与技术支持，共同促进传媒产业发展。

第二节　媒体融合的发展现状与发展趋势

一、国际媒体融合现状与趋势

媒体融合是世界范围内传统媒体共同面临的课题。以 CNN、BBC、FOX、半岛为代表的国际一流媒体早已意识到全媒体传播（媒体融合）的重要性，他们从体制机制、资金投入和内部运行机制上都做了相应调整，以此应对复杂的媒体竞争态势。具体有以下一些特点：

（一）再造采编流程，打造全媒体传播平台

目前，BBC、CNN、《纽约时报》《华盛顿邮报》等国际知名媒体都普遍建立了全媒体融合编辑部，打造了跨平台的多媒体新闻中心，对所有记者统一管理、全媒体运作，一套人马采编、一个平台分发、内容多次开发，纷纷开始做大数据新闻、融合新闻、集成互动新闻、可视化新闻等。

英国的《每日电讯报》有一个著名的"大蜘蛛网状"办公格局，一个中心椭圆形办公桌围坐着11个部门主编，网站编辑、报纸编辑全部在身边，站着开会，同时领受任务。这不是简单的物理办公格局的调整，它实际上是媒体融合的一个具象表现，解决的是媒体采编流程再造这个根本性制度设计问题。

CNN改变了以往各频道及网站都有节目制作部门的格局，在内部组建了一个可以对所有新闻素材进行加工利用的媒介处理中心，供电视、网站、移动终端等各平台自由选用。同时，台网的记者不再泾渭分明，总控中心将他们纳入统一平台按需调遣，部门界限也变得模糊。

BBC确立了"1+10+4"的新媒体战略，"1"代表一个品牌，就是BBC，"10"是10个产品，包括新闻、体育、天气、少儿节目、搜索等，"4"是四个终端，电脑、电视、平板电脑、智能手机。这样布局后，每周有超过63%的英国人在BBC在线平台上观看内容。BBC已全面摒弃垂直的层级管理模式，采用更为互联网化的编辑负责制，建立了一个360度开放式全媒体平台。

（二）以用户为中心，打造定制化服务

国外各大媒体普遍把用户作为媒体融合最重要的因素，逐步改变传统的内容生产模式。如《纽约时报》为了满足用户推出的新的内容制作模式：第一，推送三句话新闻。遇到突发新闻，写好三句话就推，把最基本的信息先告诉读者。第二，故意落后。这样可以加入更多独家的新闻细节。他们判断，读者不会每时每刻都盯着手机，可能一两个小时才看一次手机，这样就会打开《纽约时报》更新的推送。第三，培养"非印刷式"思维。记者可以无数次地返回现场补充更多的内容，通过移动端推送。第四，尽量避免在晚上11点到早上6点之间进行推送，除非是重大突发新闻。也就是说，尽量不在睡眠时间进行新闻推送。

2013 年，美国奈飞公司（Netflix）推出的自制剧《纸牌屋》红遍全球。Netflix 的产品生产策略是，从用户那里获取大量及时、大众视角的信息，并把这些信息融入内容生产中。以《纸牌屋》为例，从主题风格到导演、主演的选定，都以用户分析为基础，工程师们事先研究了近 3000 万用户样本的收视行为、评价、搜索词等信息。

（三）"借船""造船"并举

截止至 2014 年美国有 71% 的网民使用 Facebook，连 65 岁以上的网民都有 56% 的人使用。Facebook 用户每天观看的视频短片达 30 亿个，半年内增加了 3 倍。Youtube 用户群也超过了 10 亿。有媒体把 Youtobe 称作是新媒体时代的好莱坞。这样说是因为在 Youtube 上诞生的明星的人气丝毫不逊于一线影星，它背后的链条、复杂和完善程度也直追好莱坞。

Facebook、Youtobe 这些社交媒体的影响力越来越大，国际媒体谁也不敢忽视跟他们的合作，都愿意"借船"搭载这些新媒体的领军者，来提升自身的全媒体传播力。CNN、BBC、FOX、半岛、天空、HBO 等国际媒体，均在 Twitter、Facebook 等社交网站与 Youtobe 等视频网站上，开设了多个官方账号。2014 年，美国收视率最高的电视台 CBS 宣布，给 Netfliex、Hulu、亚马逊等网络视频平台制作电视剧等节目，这意味着将来有一部分优秀的电视台节目，将不再面向电视观众，在电视上看不到了，只能从网上看。梦工厂也和 Netflix 签约，为它专门制作多部动画美剧。

除了"借船出海"外，一些国际媒体开始有意识地打造自有新媒体品牌，"造船"出海，运营自己的新媒体，把之前放到第三方新媒体平台上的内容搬到自有平台上。

2014 年 9 月，半岛电视台正式推出首支移动平台新闻应用"AJ＋"，为用户设计了小体量的"卡片式"新闻。这样的设计并非移植传统媒体平台上的内容，而是根据移动平台特点和用户需求量身定做，让那些从来不看电视的人在网上看半岛电视台的节目。这种播出模式没有栏目，没有主持人，直播只扮演很小的角色，绝大多数的节目是根据受众的要求提供的定制节目。定制的来源就是通过网站和社交媒体的数据分析搜集观众的需求。

（四）利用新媒体技术拉回年轻观众

美国皮尤研究中心的报告显示，18到29岁的人群中，观看在线视频的比例高达90%。CNN为了吸引活跃于社交媒体平台的青少年，集中力量开发新闻微视频，在推特上为用户定制了名为"你的15秒清晨"的视频新闻系列，每条新闻15秒钟，都是最精华的内容。随后又开发出更为短小精悍的6秒视频新闻系列，帮助青少年网民养成看新闻的习惯。

2014年，日本《每日新闻》发现，每天买报纸的年轻人越来越少，但买瓶装矿泉水的却越来越多，于是他们决定，把报纸的内容印刷到饮料瓶包装上，这样就多了一种渠道让年轻人看报。同时，《每日新闻》在瓶身上印上二维码，可以扫描，在手机端读到最新的新闻。这样，一个月每个零售超市平均售出3000瓶矿泉水，既挽救了传统的纸质报纸，又把大量年轻用户引向了移动端。国外现在已经研究出了会说话的报纸，可以吃的报纸等等，这都是借科技力量出海。

BBC更彻底，它停播了第三频道少儿频道，改成一个只在网上播出的直播频道，只能通过BBCiplayer，在电脑、手机、pad上的移动客户端观看，这也是针对年轻观众收视习惯改变而做出的选择。

（五）利用大数据精准投放广告

2017年上半年，美国网络广告收入同比增长22.6%，达到401亿美元。第二季度收入同比增长23.1%。移动网络广告收入的份额已经达到54%。与往年相比，广告收入向手机转移的步伐有所放缓，2016年上半年，移动设备占网络广告支出的 47%，同比增长 30%。

把客户放在第一位这个理念已经席卷全球，我们越来越看重客户是怎么想的，营销理念更新很快。在大数据的环境下市场定位清晰和受众明确，通过大数据互联网程序技术，在巨大的潜在消费者数据中筛选出目标群体，并且对他们分门别类。这个特点可以说是互联网广告精准营销最重要的一个特点，运用新技术手段对需要服务的产品进行精准的市场圈定。

如今以大数据数据库和程序化技术为重要工具，分析和采集客户信息，相对精准判断潜在客户的行为。能够确定在何时何种方式推送互联网广告，比如在特定节日将广告隐藏在文章中间，向有需要的客户推送广告，获得巨大的转换率和成功。首先，用户的性别、年龄、手机操作系统等一些基本信息可以得到，受众属性是明确的。其次对于用户的行为模式数据进行收集，然后进行标签特殊条件，精准营销的广告信息顺利到达潜在客户那里。用户标签明确，在数据库资源中展开定向投放，是互联网广告实现精准营销的重要基石。

二、国内媒体融合的现状与趋势

（一）重塑采编流程

通过建立"中央厨房"式的全媒体编辑部，国内很多媒体整合了分散的采编力量和发布终端。2015 年 3 月，人民日报推出"中央厨房"（全媒体平台），根据微博、微信、客户端、网站、报纸等不同媒介的传播特性，分三波进行报道，第一波求快，第二波求全，第三波求深。"中央厨房"的运作，改变了以版面为主导的采编管理方式，变成了全媒体形态、24 小时全天候的全过程采编管理。

1. 新闻采集高效集中

人民日报"中央厨房"是对传统新闻采编流程革命性变革，首当其冲的便是新闻信息采集环节。传统媒体时代报业集团内部各个子媒体之间新闻线索不共享，都有自己独立的采访记者，各行各事、各自为战。针对同一新闻事件各子媒纷纷派出自己的采访力量而采回的信息往往大同小异，从报社整体来看造成了大量的人力资源浪费。"中央厨房"模式改变过去单兵作战的信息采集方式，实现各部门采编力量的整合，在总编调度中心的统一指挥下，全媒体采访中心具体负责报社采访力量的调度。针对不同的采访主题采访任务，采访中心综合考量派出最合适的采访记者团队，确保信息全面、及时、有效的传回。另外"中央厨房"模式中的信息员随时与前方记者保持联系，及时协商日程、选题等，告知调度中心的最新指令。

2. 新闻素材二次加工

人民日报"中央厨房"模式编辑岗位同样也是拆"小灶"建"大灶"，成立全媒体编辑中心统一负责加工开发前方采集员发回的新闻素材。"中央厨房"模式下前方记者将采集到的文字、照片、图表、音视频等素材传回报社数据库，编辑也就是加工员基于数据库对素材进行二次加工。编辑对素材进行加工时要考虑到素材本身的特点以及各传播渠道的特征，两者进行恰当调和从而生产出内容有趣传播便捷的产品。例如2016年"两会"报道中，"中央厨房"生产的《你有一份来自总理的快递》就是二次加工的创意产品。前方记者将《政府工作报告》文字材料传回"后厨"，加工团队在惠民政策部分发现了报道亮点。李克强总理在报告中称政府针对留乡农民、城市居民、学生等群体制定了不同的惠民政策，如果按照以往的报道方式无非是按照分段的形式进行文字解读，"中央厨房"加工团队却抓住了不同群体不同政策这个点，制作了生动、活泼的H5页面，用户可选择不同身份及时了解相应的惠民政策。

3. 新闻发稿"快、全、深"

过去报纸优先发稿然后再给网站或者微博、微信提供素材的发稿原则已经不能适应如今的传播环境，大多数媒体集团都做到了新媒体追求时效，报纸负责深度。人民日报社发稿原则可以总结为"快、全、深"三则波次，这与美国道琼斯通讯社的波纹理论有异曲同工之妙。第一个波次求快，追求新闻的时效性、发稿争分夺秒；第二个波次求全，全面的报道新闻事实，讲清新闻事件的背景、影响等，提供丰富的内容链接；第三个波次求深，一般是在报纸上隔日提供深度解读。

以2016年"两会"《政府工作报告》为例解读人民日报"中央厨房"的发稿原则。第一轮充分发挥新媒体实时传输的优势，《政府工作报告》一经公布，"中央厨房"立即相继发布房价调控、分享经济、工匠精神、大众旅游时代、海外仓等十大新词及注释，同步发送《20张图解政府工作报告数据＋点评》《政府工作报告高频词大数据分析》，梳理点评《报告》里的重要数据。李克强总理报告一结束，"中央厨房"立刻发布《解读2016年＜政府工作报告＞十大新词汇》把之前零散发布的十大新词汇总起来共同发布，及时为受众梳理工作报告中的新亮点。第二轮融合全面和深度，为受众提供全面的《报告》信息和深刻解读。"中央厨房"推出《2020年全面小康的中国会是什么样子？总理告诉你答案》全面的描绘了到2020年时我国全面建成小康社会的愿景；《读懂政府工作报告，读懂中国发展的"政治经济学"》深刻解读中国经济发展"新常态"，治国理政新理念。《读懂政府工作报告，读懂中国发展的"政治经济学"》点面结合，解读深刻，满足了读者的深阅读需求。90多家新媒体第一时间采用。《现场速递：李克强作＜政府工作报告＞44次掌声在此处响起》，角度特别，50多家新媒体转载。第三轮创新推出《全国"两会"实时热点地图》，一种基于定位技术的场景新闻产品。该作品应用了"让新闻追着用户跑"的思维，在每篇新闻报道中嵌入具体的地理位置信息。

（二）抢滩未来市场

为抢占移动互联网新入口和移动传播制高点，中央电视台在 2014 年底与中国移动签署协议，合作共建 4G 手机电视内容聚合与集成播控平台，央视负责信源的聚合与播控，中国移动负责建设 4G 手机电视分发平台及运营支撑系统。央视还投入 4 亿元资金，对中国移动合作机型预装央视新闻、央视影音 APP。截止至 2017 年，央视新闻、央视影音 APP 装机量已经超过 5 亿部。2017 年底，"央视新闻"新媒体用户突破 3.5 亿，央视网多终端月度全球覆盖用户达 11.28 亿人，"央视影音"客户端累计下载量超过 6.1 亿，"央视财经"新媒体总粉丝和订阅户突破 6532 万，"央视体育"移动客户端累计用户突破 750 万。大小屏互动直播、大小屏融合互动报道等在央视已实现常态化。湖南广电发展全媒体的重点是打造芒果传媒。2014 年，湖南广电率先提出"芒果独播"策略，不再对外销售自制节目的互联网版权。独播策略实施几个月，为芒果 TV 带来了可观的流量增长，仅 PC 端，最高峰的时候日均用户数达到 1400 万。

2016 年 6 月腾讯与人民日报社在北京签订了《媒体融合发展创新战略合作协议》，在之后举办的媒体融合发展论坛上，双方还共同为"媒体融合云"揭幕，目标是通过共同建设中国媒体融合云平台向全国媒体行业提供安全的云服务体系，平台以及应用工具，拓宽媒体内容在国内外的分发渠道。

腾讯与人民日报社在多个领域进行合作。首先，他们共同建设了大数据舆情与新闻热点发现和追踪平台。作为中国媒体融合云服务的一个重要组成部分，向全媒体行业客户提供领先的媒体融合大数据。同时，还共同建立了人民日报网上多媒体发布厅，在腾讯的音、视频云服务和网络的支撑下，实现了音、视频点播、互动直播、微视频传播和云通信的能力。这些都只是双方合作的一小部分，但印证了融合互通的合作可以摩擦出很多创新火花——相信这是媒体所需，也是广大网民所喜闻乐见的。

（三）发力"两微一端"

在媒体融合中，各媒体普遍在微博、微信上开设法人账号，建立独立的客户端。人民日报社把法人微博作为媒体融合的第一个重要工程，建立了专门团队对微博进行专业化运营。2012年7月22日，人民日报官方微博发布了第一条信息："北京暴雨，整夜无眠。人民日报官方微博与大家共同守望。为每一位尚未平安到家的人祈福，向每一位仍然奋战在救援一线的人致敬！北京，加油！"；2013年4月，人民日报以"参与、沟通、记录时代"为宗旨开通微信公众号；2014年6月12日，人民日报客户端上线并开设多个频道。作为传统权威媒体的代表，人民日报走在了新媒体转型的前列，努力践行"走基层、转作风、改文风"。

同时，中央电视台基础资源云平台、一体化云平台、集成发布平台和大数据平台建设加快推进，一体化协同制作、多渠道协同分发、多终端互动呈现、全媒体精准传播的模式逐渐成形。

（四）补齐人才短板

有统计表明，中国媒体融合方面的人才缺口在60万到80万之间。各大媒体最紧缺的人才是既要懂传统媒体，懂电视报纸的采编业务，还要懂全媒体运营、懂市场、懂新媒体技术、懂现代管理。人民日报社通过架构师来完成新媒体产品、项目、平台的总体架构，新华社新媒体中心设置了"首席视觉设计师"，这些岗位都有很大的人才缺口。

（五）搭建技术平台

从广播电视的发展历程来看，每一次技术的革新，都会为广电行业的发展提供新的手段，注入新的活力。从黑白到彩色，从模拟到数字，从标清到高清，从平面到立体，从微波传输到卫星、光缆覆盖，每一次跨越都是技术推动的结果。技术是驱动新媒体与传统媒体融合发展的核心动力。构建强大的多屏传播平台，建立跨媒体统一的数字化管理流程及技术平台，是实现台网融合发展的根本支撑。

新华社成立了713实验室，主要工作内容是对云计算、大数据、内容聚合、移动互联网等关键性、瓶颈性技术和标准进行研究论证、测试、仿真和示范运行。中央电视台加强大技术平台一体化建设，吸收大数据、云计算、4G、5G移动通信等前沿技术，建设满足各频道内容、多媒体形态一体化运行的技术支撑平台。光明日报报业集团与微软公司合作，面向skype用户推送时光谱新闻服务，并推出了"媒体云"，向广大媒体机构提供云计算服务。

（六）从渠道到产品

2015年，电视媒体与视频网站等新媒体机构的合作，逐渐摆脱了单纯的节目买卖关系。比如江苏卫视与优酷网联播《最强大脑》，开展了衍生节目合作，根据观众收视偏好对电视节目进行网络适应性调整。在《中国好声音》播放期间，腾讯不仅获得网络独播权，而且在微信平台上开发了一款竞猜游戏。《舌尖上的中国》《爸爸去哪儿》等节目均联合电商平台发售衍生品，"边看边买"式的台网联动延伸了电视节目产业链。

第三节　媒体融合对新闻传播模式的影响

随着媒体融合的不断发展，新闻传播模式在近几年来发生了很大变化。

由传统单一的传播——接受的状态转变为多元化的传播模式。同时新闻传播的传播者与接受者也开始发生转换。媒体融合对于新闻传播模式的影响已经越来越明显。

一、媒体融合使得新闻传播信源多样化

在当前网络传播以及数字技术的不断推动下，人们获得了前所未有的参与新闻传播的能力。借助 MSN、QQ、BBS、播客、手机以及微博、微信、抖音等工具，已经形成了多人对多人、个人对多人、个人对个人的传播网络，个人通过这些网络发布身边的新闻，将自己的观点表达出来，进而使得信源主体逐渐呈现多元化。伴随着媒体融合进程的不断加快这一信源主体多元化趋势越来越明显，传者受众一体化成为我国新闻传播主体的特征。中国互联网络信息中心（CNNIC）近日发布第 41 次《中国互联网络发展状况统计报告》。报告显示，截至 2017 年 12 月，我国网民规模达 7.72 亿，全年共计新增网民 4074 万人。互联网普及率为 55.8%，较 2016 年底提升 2.6 个百分点。截至 2017 年 12 月，我国手机网民规模达 7.53 亿，较 2016 年底增加 5734 万人。网民中使用手机上网人群的占比由 2016 年的 95.1% 提升至 97.5%，网民手机上网比例继续攀升。每天都有大量短信、图像、图形、文本、音频以及视频等发布，庞大的新闻信息源已成为过去传统媒体进行开发和利用的主要对象。虽然提供信息这一任务主要由企业、社会团体以及政府等单位来进行组织，但是，从事发布新闻消息以及采集新闻信息的人员仍然是职业新闻工作人员。在新闻传播过程中，专业媒体组织仍然占据十分重要的主导地位，但不可否认的是，新媒体正在逐渐将大众传播这一局势改变，在全世界范围之中"草根记者"在重大突发事件现场所采集和发布的新闻，正在产生全球轰动的效应。

二、媒体融合后新闻传播流程实现整合化

媒体融合条件下所产生的新闻传播必须要打破过去传统新闻传播业务的单一工作流程，要求在全方位运用技术以及所有媒体形态这一基础之上进行整合，建立全新的流程。在这样的背景之下，采编已经不是一报一台，而是采用跨媒体团队的合作方式，是各种各样媒体新闻生产流程的整合以及重组。整合化新闻采集一次性就能够完成，新闻的发布渠道以及加工方式越来越多元化，接收终端实现了统一，进而逐渐形成新闻产业链。尤其是整合化新闻报道也不再是单纯的电视台记者或报纸记者，而是集团组织之中为我国所有媒体进行新闻采集的专业记者团队，可以说是一个小组，这个小组所提供的新闻作品是多媒体形式，新闻录像、现场录音、新闻图片以及文字报道应有尽有。在团队作业这一基础和前提之下，新闻载体和新闻采集这二者相互分离，团队成果也不是某一个载体所独有，每一个媒体都能够在自身成套新闻产品之中获得最适合自身的那一部分，新闻传播整体效果最优化以及载体使用完全已经成为基本的目标。正是因为这些新闻产品存在一定的差异性，如新闻产品表现形态的差异、新闻产品角度的差异以及新闻产品内容的差异，才使新闻传播更加个性化，新闻内容更加全面化，新闻报道更加多样化，进而使得社会公众表达观点的权力以及社会公众发布新闻信息的权力等到充分尊重，新闻传播更加客观真实。

三、新闻信息检索更为便利

随着科学技术的不断发展，网络技术的不断更新升级，各种媒体之间的融合现象已经是有目共睹的事实。研究媒体融合对新闻传播的影响，不能把视野局限于当前媒体融合的现状，更应当对媒体融合的发展前景进行

展望，对媒体融合在可预见的将来对新闻传播产生的各种影响进行全面深入的探讨。

一直以来，新闻传播都是传媒领域所研究的重要课题之一。近年来，随着与网络相关的各种软硬件技术的不断提升，媒体融合对新闻传播的影响也越来越明显地表现出来。同时，在对新闻传播进行研究的过程中，媒体融合对新闻传播的影响也越来越成为一个不容忽视的问题。由于网络技术的不断发展，媒体融合的进程也日益加快，媒体融合又直接影响着新闻传播的整体运营模式和发展前景。新闻信息是依赖各种媒体进行传播的，由于网络技术等新技术的推动作用，使得各种类型的媒体相互融合的程度日益提高。尤其是近年来手机个人终端无线网络技术的大行其道，使得以微博、微信等应用软件媒体形式为代表的一批新兴新闻传播模式日益显现出更加旺盛的生机和活力。

媒体融合的关键因素在于网络技术和个人信息接收及发送终端技术的发展。随着数据库技术的不断发展，个人信息处理终端技术水平的不断升级，以手机和平板电脑等终端设备为代表的个人信息处理终端已在很大程度上成为个人信息检索的重要手段。同时，由于网络图书馆等基础设施建设的不断完善，使得网络数据库的信息存储量得到惊人的扩展，依靠网络搜索技术搭建的个人作息检索平台已经显现出极大的便利性和快捷性。但是，当前的网络检索技术仍然存在不足，主要表现在检索方式单一，大部分的检索引擎仅支持文字形式的信息输入方式。随着媒体融合的不断发展，各种媒体形式不断融合，必然导致信息检索方式的进一步扩展。在将来的信息检索过程中，关键词将不仅局限于文字形式，可能加入声音、乐曲、图形等多种输入方式。同时，其信息检索结果也将以多种媒体方式呈现在受众面前。

第四节　媒体融合给传媒教育带来的挑战和机遇

融媒时代的到来，高校传媒教育为了满足业界对新闻人才培养提出的更高要求，纷纷以"共建"的方式整合资源、调整人才培养模式，以主动融合的方式应对传媒生产变迁对传媒教育带来的挑战。借助多种"共建"形式，结合学界、业界优秀新闻资源打造全媒体实训平台，提升新闻人才理论素养和专业技能，成为融媒体语境下传媒人才培养模式变革的新方向。特别是在传统媒体纷纷转型的关键时期，如何缓解新闻人才的就业压力，培养学有所用的新闻人才是高校传媒教育者需要积极探索的问题。

一、媒体融合时代下传媒教育的现状

当前，就我国高校传媒教育的总体情况而言，大体上承袭了数十年来我国传统传媒专业人才培养的固定模式。从过去的实际状况看，传媒教育基本以课堂教学为主，专业实践性较差，传媒业界参与性较低。重理论轻实践的观念一直是高校新闻专业教育发展中的重要羁绊，传媒理论教学与传媒业务实践往往脱节。一方面，在传媒专业课程的学习中，学生往往需要花费大量时间学习新闻学、传播学等理论课程，导致实践教学时间压缩，因而实践教学沦为理论教学的补充，学生的业务能力相对较弱。另一方面，传统的传媒实训理念在面对技术日新月异的发展时，既无法使相关理论与实训有机结合，又无法使校内实训与业界实践同步对位，这就使得学生毕业参加工作后依然需要进行操作能力的"二次回炉"再培训。

（一）媒体融合实践与专业教育的脱节

媒体融合时代，媒体发展的多元化与传媒教育的模式化之间存在一定的矛盾。媒体融合的变革使得传统传媒教育模式已经难以适应当下媒体发展趋势。传统的传媒专业教育模式培养出来的学生往往会发现，课堂中所学到的新闻专业知识与自己在实践中所要用到的东西是脱节的，许多传媒专业的技能与素养需要到实习时候才能渐渐培养、建立起来。换言之，传统的传媒专业人才培养模式与业界为适应媒体融合发展而需要的全能型复合人才的需求之间存在错位，传统专业教育的前沿性与实用性明显存在不足。

相当数量的传媒专业课程通常围绕着某一类媒体来设置，"单一化"倾向明显。例如，新闻学专业根据纸媒采编流程设置课程，而广播电视类专业侧重于按照广播电视业务设置专业课程，新媒体方面的知识不成体系，课程之间相互分割，理论各成体系，交叉性与融合性不足。这种课程设置培养出来的学生往往具备单一媒体的理论知识及业务技能，而无法具备融合传播的全面能力。尽管近年来不少院校的传媒专业试图调整这一培养模式，但实施成果也由于师资和设备的原因停留在对原有模式的小修小补状态，并未从根本上改变传媒教育的现状。

（二）传媒业界与高校之间缺乏互动机制

融媒体传媒人才的培养不但是业界的迫切需要，也是我国传媒教育培养高水平人才以提升其竞争力的需要。然而，当下高校传媒教育与传媒业界各行其道，各唱各调。由此形成了一种极为尴尬的局面：高校培养的传媒人才难以进入传媒业界顺利就业，而业界对于适应媒体融合的全能型人才的需求又得不到满足。这种情况看似是专业扩招、课程设置不当等原因造成的，实际上是由于高校与业界在人才培养和人才需求上的矛盾所造成的。高校倾向于对学生进行素质教育，忽视当代媒体融合的发展和传播理念的更新，忽视实践能力的训练；而业界则希望高校进行职业培训，学生能成为业务能手，两者之间缺乏关键性的互动机制将其衔接起来，不能实现两者的协调发展。

二、媒体融合对传媒教育的挑战

伴随着社会发展与传播科技的进步，媒体融合的进程也不断加快。在这一过程中，传统的传媒教育面临着极大的挑战。

（一）高校传媒人才的培养模式有待创新

在传统媒体和新兴媒体融合发展的现实语境下，传媒产业发生了巨大的变化，衍生出许多新岗位，对传媒人才的要求也发生了变化。例如，人民日报在采编业务岗招聘的 17 人中，除了要求"从事新闻采写、编辑及策划工作，要求具备较强的文字写作、沟通协调及团队协作能力"的要求以外，明确其中 3 名从事新媒体内容编辑工作，"要求具有一定的新媒体学习或实践经历"。

其次，传媒类岗位的职业要求表现出很强的融合性特点，尤其是专业技能的融合。具有单一技能的应聘者通常很受限，既掌握基本的摄制技能，又具新媒体运营能力的人才受到市场的欢迎。但是值得注意的是，新媒体类岗位对传统文字功底的要求并没有降低，还增加了对新兴媒体的理解与把握，文字功底、新闻敏感、团队意识和敬业精神等传统素养和能力都体现在各自的岗位要求中。

由此可见，传媒人才的素质和能力要求越来越高，具备全媒体思维、媒介融合技能、新媒体素养的人才受到行业欢迎。可以说，高等传媒教育尚有巨大的发展空间，但高校传媒人才的培养模式有待创新，传媒类专业的人才培养目标也需要进行必要的调适。

（二）高校传媒人才的培养目标有待改变

在媒体融合时代知识经济处于主导地位，因此传媒教育的培养目标也面临着巨大的挑战，不应仅仅局限于为媒体培养人才的狭窄定位，一些政府机构、企业同样需要具有媒介素养、具备融媒体思维和机能的人才。媒体融合下的传媒人才表面上是新闻传播人才，但在某种意义上来看则是适应社会需求的知识生产者与传播者。同时，记者、编辑面临着角色上的转换，即不再是单纯的生产信息，而是要具备极强的信息选择与解读能力，来洞察信息的深刻联系和意义，帮助受众迅速将信息转化为知识。

目前，在高校传媒人才的培养过程中过分强调专业理论知识的教育，束缚了学生在学习实践、就业创业方面的想象力。因此，高校需要重新定位传媒人才的培养目标，从而适应媒体融合时代的发展。

三、媒体融合环境下传媒教育的发展机遇

由于学校的办学资源、目标定位、区域行业等关键性因素的不同，融合型传媒人才的培养模式也各有不同。目前，国内举办传媒专业的院校大致分为这样几类：一是综合性大学；二是专业性院校，比如师范、戏剧、音乐、体育等专业院校开办的传媒专业；三是行业性院校，除中国传媒大学之外，还有浙江传媒学院、河北传媒学院等。本着差异化、特色化发展的原则，不同类型院校的发展思路和重点各有差异。

综合性院校强调通识教育基础上的宽口径，比如吉林大学新闻学专业强调在选修课的层面上加大其他专业基本课程的学习，从第三学期开始自愿选择跨学科专业方向，实行多学科专业教育分流。专业性院校则侧重与主流优势学科交叉融合，比如中南财经政法大学新闻与文化传播学院的新闻学专业设有经济新闻和法制新闻两个特色方向。而行业性院校是以传媒

业为依托，围绕行业需求，针对行业特点，为特定传媒行业培养高素质专门人才的高等学府，其优势在于主体专业强、相关的基础学科全、实验教学条件较好，内部形成相互支撑、彼此呼应的专业学科生态群，而劣势在于学科门类少、课程体系封闭保守、师资背景类似等。如何在媒体融合背景下扬长避短、另辟蹊径呢？浙江传媒学院新闻与传播学院和贵州民族大学传媒学院近年来做了一些探索，可兹借鉴和启发。

（一）以融合实践平台的建设加强跨界传播能力培养

所谓跨界传播能力，就是传媒业者为了适应媒体融合背景下媒体的发展变化，必须针对播出平台"融合"与"多元"的现实，具有突破以往单一渠道、单一形态的业务状态实现面对多样化播出路径（音频、视频、网络、手机等）的传播能力。针对数字化技术对新闻传播带来的革命性变革，浙江传媒学院新闻与传播学院在已有实验实践教学平台的基础上，整合资源，逐渐形成"全媒体、立体化"的融合实践平台。首先，紧跟传媒技术发展，建设"全媒体"的授课实习平台，搭建平面媒体（报纸、杂志）、电子媒体（广播、电影、电视）、e 媒体（计算机与网络）、移动媒体（手机）等全媒体化的实验设备平台。通过建成全国高校首个媒体融合云平台这一全媒体融合教育生态系统，开设"数字视音频制作""数据新闻报道""新媒体运营实务"等新媒体课程。依托传统学科优势，建设"立体化"的实践创新平台。以国家级实验教学示范中心为依托，建成了一个集师生实验实训、创作创新、科研开发等多功能于一体的采编播实验教学中心。

（二）以媒体仿真训练的开展提升学生实践业务水平

当下新闻传播实践教学的最大问题在于学校实验（实践）环节和媒体实战环境的巨大反差，因此必须充分发挥本校行业特色鲜明的优势。为适应新兴媒体对传媒人才培养的新需求，构建起"仿真化、实战型"的媒体仿真训练机制，浙江传媒学院新闻与传播学院和贵州民族大学传媒学院都以学校和学院自身的网站、电视台为基础，结合校报、广播电台以及学生自发组织创办的相关杂志或报纸、微信公号等媒介，构建学校区域化的融媒体传播平台。专业教师为指导，学生为工作人员，让学生在融媒体传播的仿真环境中增长才干，掌握所学知识。其次，可以以本校的传媒设施为基地，实现"实践即实战"的教学理念，同时引进当地电视台、网络媒体的品牌栏目、传媒机构等等，为学生的专业实习提供大量的实践学习机会。第三，发挥行业性高校的办学优势，紧跟传媒行业的新发展，努力为师生搭建实战型的实践实训平台，在全国媒体发达地区和生源集中地区组建实践教学基地，聘请行业兼职教师，接纳大量学生实习，使传媒教育紧跟时代前沿。

（三）通过和业界的深度合作强化"产学研"一体化

在长期的办学实践中，浙江传媒学院新闻与传播学院依据学校办学的行业和区位优势，不断凝练办学特色，逐渐探索出"联手行业、产学合作"的融合型传媒人才培养模式。

首先，强化双师型师资队伍建设以"双送"为主线实施教师培育与发展四大工程。"双送"即：送学校来的师资到行业一线实践，送业界来的师资到高水平大学深造；四大教师发展工程即："高端人才培育工程""教师海外发展工程""青年教师发展工程""教师国内多样化培养工程"。按照"缺什么补什么"的原则，有效促进了来自新闻一线的"实践派"和来自院校的"理论派"师资的融合和互补，促进教师向全媒体方向发展。每年安排一定数量的教师到媒体一线进行实践，吸取先进的教学经验。

其次，强化和业界的合作，施行"校媒合作"培养模式。学校与相关媒体机构签署合作协议，你需要什么样的人才，我给你选拔，在培养过程中老师带着学生，定期送到媒体机构来进行实践锻炼和培养，毕业实习觉得表现不错就可以留用。实现实践内容、实践要求、实践教师、实践过程一线化，提升与省各地市传媒机构的合作水平。

再次，聘请业内专家担任学校兼职教师，来校开设相关的专业讲座，担任新闻与传播硕士专业学位教指委委员，共同制定人才培养方案等，为融合性传媒人才培养初步构建起良好的互动合作机制与平台。

最后，开展"部校共建"模式，贵州民族大学传媒学院早在2014年就与贵州省委宣传部合作，专门成立"部校共建"办公室，联合共建传媒专业学生的培养基地。贵州省委宣传部掌管全省的媒体资源，为贵州民大传媒学院的学生提供了丰富多元的实践基地，因为有主管部门支持，各媒体或机构在为学生提供实习、见习机会的时候也会更加配合。

（四）利用新技术进行人才培养

近年来，伴随着 AR、VR、AI、大数据等新技术的快速发展，一些传统的新闻单位为了实现向新媒体转型的过程中，利用这些新技术，通过技术层面的提升使得新闻报道内容最大化，形成独特的优势。例如，四川日报报业集团的封面新闻自主开发的"小封机器人"与用户见面，成为国内报业集团中首家拥有聊天机器人的 APP；同时，封面新闻"因人而异"的算法推荐更加成熟和优化，机器人写作技术不断完善，并向 AI + 媒体的前沿领域持续进军。据封面传媒董事长兼 CEO 李鹏介绍，截至 2018 年 7 月，封面新闻拥有 80 人的专业技术团队，专门负责新媒体技术研发和升级。在封面新闻技术人员的薪水远高于其他工种。这也凸显出了媒体对新技术的重视和新媒体技术人才在业界的匮乏。

因此，在对学生进行教育的过程中，应争取引进相关的新技术，培养适应社会需要的新型媒体技术人才。

　　总之，创新现有的传媒人才培养模式还需要我们在理论研究、人才培养模式、人才培养目标共识、社会化协作机制、新技术设备投入等方面加强探索和变革。

第二章　融媒时代的新闻

新的信息传播技术催生了新的媒介形态和媒介实体，建立在传统媒体基础之上的新媒体应运而生，作为信息技术与媒体结合的最新产物，新媒体以崭新的传播理念和传播方式打破了传统媒体的生存环境，使两者之间逐渐形成一种既竞争又合作的关系，媒介融合的趋势越来越明显，各种媒介之间的合作和联盟也逐步催生了融合新闻。

第一节　融媒体与融合新闻概述

一、融媒体

在我国，媒体融合大致分为四个阶段：广播电视、报纸上网阶段，网络报纸阶段，全媒体阶段和融媒体阶段。目前我们正处于融媒体阶段。融媒体是指以信息通信技术为核心，能够实现通过电子设备随时随地获取信息，完成用户互动性反馈，创造性参与以及形成社群的媒体形式。而"融媒体"概念从提出到被广泛使用经历了三个阶段：初始阶段、并行阶段、公认阶段。关于媒介融合理念，目前，学界和业界均有达成一致的趋向：弃"全"用"融"，从"全媒体"转向"融媒体"。

（一）初始阶段

融媒体研究的初始阶段是 2009 年至 2013 年，这一阶段的研究主要是基于媒介生态理论的研究，资深传媒人栾轶玫在这一阶段指出"融媒体时代的竞争将在多个层面展开，体现在产品创新、渠道开拓、用户管理、形象管理多个方面……新技术带来了新媒介，新媒介要求新的生产流程，融媒体时代的流程再造强调的是'开放、兼容、多元、承接'，流程再造是传统媒体以最低成本获取最高效度的自我更新之道"。

（二）并行阶段

2014 年至 2016 年是全媒体与融媒体的并行发展阶段，也是融媒体研究的小高潮，在这一时期，温怀疆、何光威、史惠主编的专著《融媒体技术》认为，"融媒体是全媒体功能、传播手段乃至组织结构等核心要素的结合、汇聚和融合，是信息传输渠道多元化下的新型运作模式"。

而这一时期更多的是基于融媒体时代的相关研究，对于报业融媒体转型的研究比较缺乏，但是有关报纸的融媒体专门研究已经出现，比如 2016 年湘潭大学王倩的硕士论文《〈光明日报〉"融媒体"探索研究》。

在 2016 年之前，融媒体概念仅在一定数量的学界人士和媒体机构中使用，2017 年起，融媒体的提法被广泛使用。

（三）公认阶段

融媒体概念首次被官方公开使用是在 2017 年 3 月 22 日。当天，中共中央政治局常委、中央书记处书记刘云山在人民日报社调研，首次使用融媒体概念。"刘云山首先来到人民日报社'中央厨房'，听取融媒体采编发平台建设情况介绍，勉励大家精心做好新闻采集、编辑、发布工作，推出更多有影响的融媒体产品，把党报传播优势向网上拓展"。从此，融媒体进入公认时期，融媒体概念被广泛使用。

二、融合新闻

融合新闻是从应用新闻学的视角展开，进一步细化研究媒介融合的发展进程，重新定义了新闻生产理念与报道流程。

（一）融合新闻的概念

媒介相互融合的进程打破了传统的信息结构体系和内容生产流程，随着多种媒体在各个环节的深入合作，逐渐形成一种全新的传播生态和传播格局，在各媒体互动的过程中，形成了更为丰富立体的内容模式和新闻类型，融合新闻即为媒介融合背景下的一种催生物。

"融合新闻，有时也被称作多样化新闻，主要是指在媒介融合的环境下，新闻从业者综合利用多媒体手段进行新闻传播活动。"笔者认为融合新闻作为传统媒体与新媒体融合大背景下新闻变革的新型产物，就是各媒体在采集、制作和传播环节中实行统一规划、资源共享、内容互通，利用不同媒介的优势进行全方位的合作和集成化的生产，以最有效的方式开发、配置和利用现有的内容资源，将同一内容的新闻素材制作成不同角度的新闻产品，利用各种传播形式和交叉渠道来进行优质高效的新闻报道，实现分众化的信息传播，满足受众个性化的需求。

融合新闻的尝试在21世纪初出现在美国，最早做这项实验的是美国论坛公司和美国媒介综合集团。我国主要是在从2006年开始以中国人民大学蔡雯教授为主的学者将融合新闻理论引进国内，并展开了大量深入的研究。

经过多年的研究，融合新闻理论研究有了一定成果，但对于融合新闻的具体概念至今没有一个统一的定论。

美国有学者将融合新闻称为"多样化新闻"（Multiple – journalism），主要是采用多媒体手段进行新闻传播活动。不同的媒体，例如报纸、电台、电视台和网站及手机等，集中在一个信息操作平台上，统一策划、相互协调，取长补短，根据各自媒体和受众特点对信息进行分类加工，发挥各自的传播优势，有针对性地传播给特定受众。

美国南加州大学安利伯格传播学院教授 LarryPryor 所指出的："融合新闻发生在新闻编辑部中，新闻从业人员一起工作，为多种媒体的平台生产多样化的新闻产品，并以互动性的内容服务大众，通常以一周 7 日、每日 24 小时的周期运行。

美国"背包记者"先驱人物，学者 JaneStevens 给出如下的定义："融合新闻是文本、照片、视频段落、音响、图表和互动性的集合体，它以非线性结构呈现在网站上，各种媒介的内容相互补充而不重复。……媒体在制作融合新闻时要充分利用网络新闻的两大特征提供背景和保持传播的延续性，为其提供充足的背景信息。"

从以上"融合新闻"的概念我们可以看出，其概念在表述上有一定的区别，这说明融合新闻实践在不同国家，不同地区甚至不同媒体间存在一定的差异。融合新闻是在诸多外部内部环境的影响下新闻传媒改革的一项措施，由于媒体自身所处的环境不同，导致融合新闻实践采取的策略不能完全一致，致使融合新闻的概念表述无法统一。

笔者认为"融合新闻"也是媒体组织借助现代化的数字网络通信技术，将采集到的多媒体新闻信息，统一在一个新闻制作平台，加工成适合报纸、广播、电视、网络、手机等不同媒体形态所需的新闻产品，并同时通过多种渠道进行传播的一种新闻生产传播模式。

（二）融合新闻的特点

融合新闻与传统新闻相比呈现出诸多新特征。郭庆光教授认为，一个完整的传播过程应该由5个要素构成，它们是：传播者、受传者、讯息、媒介、反馈。融合新闻作为一种新的新闻传播形式，同样具备这几大要素。笔者就分别从传统新闻和融合新闻的五大基本要素进行对比分析，探讨融合新闻的基本特点。

1. 传播者的多元化

在传统的新闻理论中，传播者是指进行新闻传播活动的人或主体，即指那些在新闻传播活动中主要从事采写编评、制作、主持的工作者。从这一定义中我们可以分析得出，在传统的新闻观念中，人们始终将大众传播媒体视为新闻信息的主要甚至是唯一的传播者。形成这一现象的主要原因是由于政府管制及传播技术的限制，传统大众传媒在新闻信息传播领域处于绝对的垄断地位，这势必造成信源的主要出处为政府机关、社会团体和企业组织。而采集和传播新闻信息的工作主要由传统媒体的专业新闻工作者来完成。在传统的新闻传播环境中"议程设置理论""把关人理论"才得以成立。

新闻传播作为一种传播行为，其对传播者的界定必将符合传播学中传播者的概念范畴。在大众传播学中，传播者又称信源，指的是传播行为的引发者，即以发出讯息的方式主动作用于他人的人。在这宽泛的概念中，只要能发出讯息主动作用于他人的人就是传播者，本质上传播者应该具有多元化的特质。但在传统新闻理论中却将传播者界定为主要从事采写编评、制作、主持的专业新闻工作者，这主要是由特定的社会环境因素造成的。在科学技术不断发展，受众需求不断增加的背景下，随着规制的开放和传播渠道的大众化，新闻传播领域中传播者的特质开始向普通传播行为中传播者的特质靠近。

新技术的发展使媒体的使用门槛大大降低，普通公民获得了参与新闻传播的能力。借助手机、BBS、博客、播客等新媒体每个人都可以发布信息表达观点。近年来，在全球发生的重大新闻事件中，在事发现场第一个向外界发布现场报道的"草根记者"越来越多。普通公民通过手机、微博、微信、网站以第一时间第一现场，多媒体、全功能、瞬时发布消息的方式，让传统媒体望而生叹。

第41次中国互联网发展统计报告显示，截至2017年12月底，我国网民规模达7.72亿，全年共计新增网民4074万人。互联网普及率为55.8%。微信朋友圈、QQ空间用户使用率分别为87.3%和64.4%；微博作为社交媒体，2017年继续在短视频和移动直播上深入布局，推动用户使用率持续增长，达到40.9%，较2016年12月上升3.8个百分点。知乎、豆瓣、天涯社区使用率均有所提升，用户使用率分别为14.6%、12.8%和8.8%。微博、微信的迅速发展、智能手机的大量普及加之移动互联网技术的不断成熟，使用微博微信的用户人数还会继续攀升。通过微博随时随地方便快捷的发布信息，将打破专业新闻工作者在传播信息过程中的主导地位，普通网民都能发布信息，新闻传播主体不断多元化。

融合新闻传播主体主要有两大类：一类是职业新闻工作者，另一类就是普通公民组成的"公民记者"。传播主体的多元化，使融合新闻的信源结构越来越丰富。2016年4月5日夜间，一个在4月4日新注册的微博账号@弯弯_2016发布了"和颐酒店女生遇袭"的消息；截至当晚十二点前，该微博博主再发两条微博，附上视频链接、事件叙述、长图的详细说明。事件迅速发酵并进入多个微博大V的信息流中，随后"@央视新闻""@头条新闻"等官方媒体也跟进介入事件中。事件曝光之后，众多明星对此事表示关注，娱乐明星的转发评论再次将事件引爆，普通用户在首页关注中不断转发扩散。截至 4 月 6 日中午，"和颐酒店女生遇袭"话题已被排在微博话题榜的首位，热度以亿人次计，相关的微博内容和视频引起网友的强烈关注和持续转发。"和颐酒店女生遇袭"事件中的传播主体，涉及最早的消息来源"@弯弯_2016"，参与过程中的微博大 V 以及各大官方媒体和娱乐明星等。这些传播主体身份的转换和接力，也是微博传播主体多元化的体现。

融合新闻的传播主体将由职业人员和社会公众共同担当，职业新闻工作者独家垄断的时代已成为过去。

2. 信息接受者用户化

在传统新闻理论中，收受者是指收受新闻信息的人或主体，即人们通常所说的报纸的读者、广播的听众、电视的观众和网络新闻信息的浏览者。单媒体传播时代，大众传媒处于垄断地位，传播什么，怎样传播全部由媒体决定，收受者作为单纯的受众只能单向接收信息。融合新闻时代，新媒体的出现使受众可以自由的选择信息的接收，受传者的地位由被动变为主动，由"受众"时代向"用户"时代转变。

融合新闻时代，受传者作为用户，对媒体的需求在不断地改变。美国最大的报业集团甘奈首席执行官 CraigDubow 曾说："甘奈特集团日益意识到报纸读者感兴趣的远远不只是新闻本身。他们还对其他信息，特别是对本地信息（如天气、航班、饭店、电影等与读者生活密切相关的信息）有着需求，而且这样的需求越来越多、越来越重要。收受者的信息需求越来越高，融合新闻的收受者应当是能在任何时候、任何地方、通过他们喜欢的任何平台，接收他们需要的新闻和其他服务信息。网络、手机等新媒体极大地满足了收受者的这种需求，特别是迎合年轻受众的需求。这导致年轻受众快速从传统媒体市场中分离，成为新媒体的主要用户。

融合新闻的收受者除获取新闻、资讯和娱乐以外，表达意识越来越强烈，希望能够平等参与到新闻传播的过程中。新技术手段的出现，为受传者参与新闻传播提供了保障，传者受众一体化将是融合新闻受传者最显著的特征。

3. 传播内容的立体化

传播内容是指新闻传播的对象，即新闻报道的对象、信息或内容。单媒体传播时代传播内容是水平并列式的。融合新闻的内容呈现，要求多媒体联动互相协调逐级深入，全方位、立体化的呈现。

在 2016 年的里约奥运会期间，微博搜索关键词高达 1 亿 3 千多万条，其中热门话题"里约奥运奖牌榜"阅读量达到 2635.1 万人次，引发了 1.5 万次话题讨论；"女排夺金"话题也拥有 1.6 亿的高阅读量，共达到 11.9 万条微博讨论。用户在追踪里约奥运会比赛的同时，不仅会关注官方推送的新闻，也会将自己的观点和情绪带入话题中发表，在微博上形成持续而广泛的热度讨论。同时，各大媒体在进行传统的跟踪报道同时也积极参与到微博微信的话题互动中，增加了新闻的趣味性，扩大了受众群体。

2016 年 7 月武汉遭遇洪水灾情，这一突发自然灾害发生后，武汉本地的三个政务微博@武汉市政府应急办、@平安武汉、@武汉发布形成信息发布矩阵，不到一个月的时间内共发布微博 950 条。包括第一时间发布危机信息、为公共提供出行服务，第一时间发布救灾现场的信息和谣言澄清，也包括一些感人的救灾事迹等，来引导舆论。微博的即时性特点，使得政务微博的信息发布和救灾工作紧密配合。在暴雨还没有来袭前，@武汉市政府应急办就发布了暴雨预警并被大量转发，起到了很好的信息告知作用。而随着灾情的不断发展，微博发布量也不断增加，和事件发展保持一致。

融合新闻的内容具有所有单媒体内容的特质，是一种多媒体内容的集合。融合新闻的生产在一个更高层次上形成一个大的报道平台，依据各媒体的特点，阶梯式、层级式的波纹化、立体化的传播。

4. 媒介渠道的融合化

传播媒介是指传送和接受新闻信息的通道或载体，即传播者用来传送新闻文本、收受者用来收受新闻信息的物质实体、物理工具、技术设备等。如果更一般地讲，则是指用来传送和收受新闻信息的一切中介工具。单媒体传播时代，传播媒介都是分兵作战，各自有各自的传播介质，各自有各自的固定传播内容形态。融合新闻是将不同媒体如报纸、电台、电视台、网站及手机等，集中在一个信息操作平台，统一策划、相互协调，并依据媒体特点进行有效传播。

随着各种不同信息终端的出现，通过网络平台，媒介传输渠道趋于融合。随着三网融合政策的推进，移动互联网技术的推广，及下一代广播电视网（NGB）的建设，媒介传播渠道将不再分立，而是呈现你中有我，我中有你的大汇合。通过网络和手机看电视、听广播、读报纸；通过电视享受互联网服务，渠道的融合必将带来融合新闻的多样化。

融合新闻的产品将依据传播需要选择使用媒体，而不再为某个媒体所独有。载体的使用是为了服务于内容，内容决定载体，而由载体限制内容的重要性正在逐渐削弱。

5. 反馈的及时化

反馈是指受传者对接到的讯息的反应或回应，也是收受者对传播者的反作用。反馈是体现社会传播的双向性和互动性的重要机制，但它总是传播过程不可或缺的要素。

由于技术的局限性，传统的单媒体新闻传播的信息反馈渠道不够完善，受众只能被动接受讯息，无法再及时快速地将自身的意见反馈给传播者。虽然有些媒体通过热线电话，读者来信来访等渠道获取反馈信息，但速度非常慢。反馈渠道的不完善，致使收受者无法及时地发表自身的意见，同时传播者也无法通过有效的反馈意见来及时调整自身的报道内容和方式。

获得反馈讯息是传播者的意图和目的，通过反馈信息传播者可以随时改善传播方式和内容。山东齐鲁电视台的"每日新闻"栏目，被赞为中国最具互动特色的大众综合频道。第一时间、第一现场的报道增强了新闻的可信度，使观众更加关注事件的发展。观众的电话能随时接进演播室，新闻会根据观众的要求，即时通过卫星在新闻中插播事件的最新进展。"每日新闻"就新闻热点话题请观众通过电话、短信参与。无论是赞成还是反对，观众投进的每一票都会直接在屏幕上显示。短信的内容会及时出现在新闻的字幕通道中，改变了以前新闻报道"我说你听"的单向传播方式。

融合新闻报道强调与受众的融合，它的核心理念是：新闻不仅仅是独白，而是一种交流；媒体和受众互动，才能完成完整的新闻报道。反馈的速度和质量依赖媒介渠道的性质。融合新闻时代论坛、博客、微博、微信、手机等信息快速传播渠道的出现，使普通公民的反馈途径愈发多样化、反馈的速度越发及时。如"李刚案""郭美美事件""药家鑫案"等，受众通过网络等反馈渠道表达自己的观点和建议。发生反馈讯息是收受者能动性的体现，当技术手段发展到一定程度，收受者的这种意愿表达就会更加主动。近年来，微博、微信的出现，使信息发布门槛降低，意见表达更加强烈。很多传统媒体也纷纷开设官方微博和官方微信，通过微博和微信获取更及时有效的反馈信息。

融合新闻的反馈环节渠道更加多样化，手段更加便利化，速度更加及时，融合新闻传播必将是一个传播主体和收受者交流互动的大循环模式。

三、融媒体与融合新闻的关系

（一）融媒体是融合新闻产生的推动力

数字技术和网络技术的迅猛发展，新型传媒形态大量出现。传统媒体面对竞争和挑战纷纷整合重组，媒介的融合行动在传媒业内风起云涌。在媒介融合的背景下，新闻传播从规制、流程到渠道、方式都发生了巨变。突破传统的载体藩篱，以"融合新闻"赢得竞争，成为新闻传播变革的必然走向。在融合新闻的产生进程中媒介融合发挥了怎样的作用？笔者认为媒介融合是融合新闻产生的直接推动力。

之所以认为媒介融合是融合新闻产生的推动力，是因为媒介融合的出现对新闻传播带来了诸多的改变。媒介融合使新闻信息传播的手段、方式、终端、业态等发生了重大的变革，同时也促使传播主体和受众的结构、需求、作用方式发生了变化。

1. 对新闻传播方式的改变

媒介在信息传播过程中的重要性是不言而喻的。"任何形式的传播总要依赖一定的传播媒介，媒介决定着信息传播的基本方式，对于传播什么特别是怎样传播都有直接的影响"。人类传播活动发展阶段为：口语传播时代、文字传播时代、印刷传播时代、电子传播时代，在这一发展进程中出现的大众传播媒介顺序为：报纸、广播、电视、网络、手机及各种智能终端。这个历史进程并不是媒介依次取代的过程，是一个依次叠加的过程。

媒介融合打破了传统媒体的竞争格局，媒体间的界限开始变得越来越模糊。各种媒体通过网络平台实现你中有我，我中有你的格局开始显现。报网一体、台网一体、电子报、手机报、网络电视、手机电视、跨媒体运营、全媒体运营等新型媒体形态的出现，对传统的新闻传播方式带来了巨大的影响。传统媒体时期，传媒几乎都是单兵作战，各有各的生存之法，彼此互不"打扰"。报纸只通过印刷技术传播文字、图片信息；广播只通过电子技术传播声音信息；电视通过电子图像技术传播视听信息。它们各自为政其中的一种媒体几乎不会经营其他媒体的业务。而媒介融合时代，计算机网络和电子通信等新型传播渠道的出现，使得任何一种媒体都可借助数字网络技术和通信技术，经营在其业务以外的其他媒体的业务，使自身的业务范围外延，甚至是外延至其他所有的媒体，实现全媒体运营。媒介融合时代多媒体多功能智能终端的出现，使得多媒体的新闻传播方式也开始出现。文字信息中可以插入视音频信息；视音频信息中可以插入大量的文字信息。媒介融合时代，传统单一媒体的单向的新闻信息传播方式向多元化、互动的新闻信息传播方式转变。

2. 对新闻生产流程的再造

新闻生产流程包括新闻信息的选采、新闻产品的创作、新闻产品的发布三大主要环节。传统的单一媒体的新闻生产流程比较简单，主要是由媒体记者负责前期新闻采选任务；将采访后获得的新闻信息交给本媒体的编辑人员完成作品的创作任务；最后本媒体工作人员将创作好的产品通过不同形态的媒介通道传送到收受主体那里，进而完成整个新闻生产流程。在传统的新闻生产流程中各媒体之间是没有合作分工的，也不存在内容的共享，而是独立完成自己媒体所需的新闻产品。

媒介融合时代传媒形态的改变，势必从各个环节带来对传统的新闻生产流程的再造。达到一次采集、多重加工、多平台发布的效果，实现信息资源的多重升值，做到资源整合，提高效率。

（1）新闻采集方式的变革

传统的新闻信息采集主要依靠专业新闻工作者来完成。随着科技的进步，单反相机、4G手机及微博、微信朋友圈、抖音等网络应用的普及，使得普通公民也具备了传播新闻信息的能力。近年来，在一些重大突发新闻事件报道中，第一时间发布报道信息的都是普通公民，如北京红黄蓝虐童事件、章莹颖海外失踪事件"魑魅魍魉2009"揭穿官员公款旅游乱象等。在媒介融合时代，人即信息，人即媒体，新闻采集任务已由专业新闻工作者和公民参与共同来完成。传统的新闻信息采集主要由单一媒体记者携带单一的媒体工具采集单个媒体所需新闻信息。媒介融合时代，传媒集团内部包括多种类型媒体，特别是实行全媒体运营战略的集团，在信息采集环节要求的是一次采集，多媒体发布，以此来实行资源共享，节约成本，创建最大的经济价值。美国的密苏里大学和南加州大学等培养的多媒体记者一般携带一个苹果电脑、索尼数字摄像机、录音笔和移动卫星手机，就能够完成所有音频、视频以及 Flash 的编辑工作。2009 年 1 月 13 日，宁波日报报业集团成立了全国首支全媒体记者队伍，全媒体记者配备手机、电脑、录音笔、高清摄像机、照相机等装备，实行 24×7 的信息采集方式向全媒体数字平台提供新闻。媒介融合时代的新闻信息采集对新闻工作者提出更高要求，全能型记者不仅要具备文字、图片、音频和视频多媒体信息采编技能，同时还要适应 24×7 的工作模式。

（2）新闻产品编辑方式的变革

传统的单一媒体在新闻信息采集之后要由编辑对新闻作品进行加工创作，生产出适合本媒体的产品即可。媒介融合时代，需要的是从前期一次采集新闻信息中创作出多个媒体需要的产品，即要对新闻信息资源全面整合深度开发，实现其多重价值。在我国传媒集团内部为实现全媒体运营纷纷自主研发构建信息共享与服务平台。在平台上将前期采集的文字、图片、音频和视频等素材实现共享，各媒体编辑依据媒体所需，通过资源整合及深度开发，加工成适合各种形态的终端产品。

现阶段，各大网站都运用网络信息抓取技术，算出网民对各个热点新闻事件的关注程度，进而制订新闻排行榜，使得一段时间内的公众舆论动向得以充分展示。新闻排行榜来自于网民的选择，能将网络编辑的主观判断有效避免，网民信赖的态度也更容易获取。通常而言，新闻排行榜的排行形式都是以时、日、周、月和季以及年进行的。现阶段中大部分新闻相关事件新闻排行的显示都是以日、周和月进行的。如新浪网、搜狐网和人民网等，而网易还在新闻排行中增添了每小时的显示，使得排行榜的时效性更高。

通过排行榜所能获取的信息十分多，对此，网络编辑应给予新闻排行榜足够的关注，从中获取网民的需求，挖掘部分具有新闻价值的信息并对其整合，使其能将网民的需求满足。

上海证券报自主研发的"全媒体采编管理平台"系统，于 2009 年投入使用。该平台在信息组织（策划）、采集、编辑、审核、发布这生产管理的五个环节上完全支持多媒体、富媒体。在这个数字平台上，所有记者、编辑都面向多种产品，记者可以向不同产品供稿，编辑则可以签发不同产品。平台替代了原有的报纸采编系统以及网站采编系统，形成了统一的用户系统和数据库资源。采编人员可以运用全媒体生产管理平台能够进行新闻信息的集中编辑加工，并分头向报纸、网络、手机终端和各种浏览器定型产品等多媒体端口输出，实现"一键签发，全媒体响应"。从以上案例中我们可以看到，传统的新闻产品编辑方式已被信息共享和服务的平台所替代。媒介融合时代，新闻产品的生产更加高效、集约、全面。

（3）新闻产品发布方式的变革

单媒体时代，媒体传播新闻信息更多追求的是"独家新闻"。媒介融合时代，全媒体模式的运营，媒体则更多追求的是新闻的快速、全面、深入。"新闻滚动成稿"模式已成为媒介融合时代新闻产品传播的新形式。新闻滚动成稿就是指在新闻发生过程中不断补充新的信息，使受众随时了解新闻动态。一般来说，对于一则突发事件，在第一时间将事件的简单信息上传到网上，同时通过手机短信方式发送给手机定制用户，也可以为广播制作口播新闻，制作电视现场节目。然后陆续增加消息来源、深度分析、背景解读等更多信息，可以在网络开辟网络专题、在电视进行深度报道，更多的信息和背景资料可以作为报纸的深度报道第二天刊登。

媒介融合时代改变了新闻产品传统的单媒体分兵作战的传播模式，利用各个媒体的传播特点，实现新闻滚动成稿波纹式的传播模式成为趋势。

3. 对受众需求的改变

新闻传播的最终效果如何，只有到了新闻收受环节才能知晓。新闻传播的其他追求都毫无例外地要依赖于收受者的收受和理解。"使用与满足"理论把受众成员看作是有着特定"需求"的个人，把他们的媒介接触活动看作是基于特定的需求动机来"使用"媒介，从而使这些需求得到"满足"。因而，满足受众的需要是媒介一切变革的中心，而人的新闻信息的需求也向其他需求一样，随着社会发展和自身变化而不断变化更新。在媒介融合时代，信息技术的高速发展对人们的生活带来了重大的影响，新型媒介形态的出现，使人们对新闻信息的需求呈现高度化的趋势。

（1）获得传播权

传播权是构成社会的每个成员所享有的基本权利之一，在传播学上称为表现自由或言论自由的权利。社会成员是社会实践和社会生活的主体，他们有权将自己的经验、体会、思想、观点和认识通过言论、创作、著述等表现出来，并有权通过一切合法手段和渠道加以传播。当然也包括通过大众传媒渠道进行传播的权利。这里所提到的"传播权"，在报纸、广播电视等传统媒体的使用阶段，受众几乎享受不到。只能是被动的接收信息，不能即时便捷的参与到新闻传播过程中。媒介融合时代，由于新媒体新技术的出现，受众不再单纯的满足信息的接收，而是希望能够与传播者进行互动，并能实现生产传播新闻内容的需求。网络论坛、播客、微博、社区、网络平台等传播新技术新手段的出现，受众可以自己动手生产新闻产品，并借助传播新技术进行传播，成为个人化媒体。媒介融合时代，新闻产品的生产者和消费者的界限越发模糊，"受众"这一称谓也在向"用户"转变。新型的媒介融合形态应满足"用户"新需求，赋予其更广泛的传播权。

（2）在何时何地通过任何终端获取想要的任何信息

单媒体传播时代，不同媒体信息传播渠道和信息接收终端相对独立，没有兼容。受众在接收信息时受到时间、地点、终端的限制，缺乏自由、灵活和随意性。媒介融合时代，用户需要获得更大的自由，可以自由选择信息传播通道，自由选择信息接收终端。在路上，可以选择车载收音机、车载电视、智能手机、ipad 等平板电脑获取信息；在家里可以通过电视、网络获取信息。在哪通过什么设备获取怎样的信息全部由用户自己做主，而不再受限于媒体。同时，单纯的一种媒介传播模式也无法满足用户需求。

媒介融合时代，用户希望通过任何一种媒介都能获得其他媒介的信息，如从手机上看电视，从手机上读报纸，从网络上看电视，从电视上看报纸，通过手机上网，通过电视上网等等。随时随地方便快捷的获取需要的信息已成为媒介融合时代用户的最主要需求。媒介融合时代，受众对新闻传播业的需求不断提高。除获取更大的主动传播权；在任何时间、任何地点、通过任何终端获取想要的任何信息等需求外，受众对于多媒体新闻产品、建立方便查询的信息资源库、由大众传播转变为分众传播、提供个性化可定制的新闻信息等方面都提出了新的需求。

通过上述分析可见，媒介融合的出现对新闻信息传播的诸多方面产生了变革。有学者认为"媒介融合包括两方面的含义，一是融合媒介，一是融合新闻"。"融合媒介"就是不同类型的大众媒介从各自独立运作经营转向各种媒介联合运作，尤其是在新闻信息采集发布上联合行动，以最大限度地减少人力、资金和设备的投入，降低新闻生产成本。媒介融合对新闻传播活动提出了更高的要求，首先要求各个媒介之间重组组织结构、变更工作流程，以实现新闻资源共享，实现"一次采集，多媒体发布"，从而降低媒介传播成本，提高经济效益；其次要求适应受众新需求，实现分众化传播。不同的受众经常使用获取新闻信息的终端不同，所以媒介融合要求新闻信息在传播过程中要全媒体发布，以争取最大的受众群。同时要求传统新闻工作者转变观念，提高自身业务能力适应全媒体新闻的采集制作发布的新工作方式。面对媒介融合对新闻传播提出的新要求，传统的新闻生产传播模式已不再适应时代要求，新的新闻传播形态"融合新闻"得以诞生。"融合新闻"的主要特点就是将多种媒介的新闻传播活动整合进行，采用多媒体、多渠道的方式传播新闻。媒介融合的发展促使了"融合新闻"的产生，媒介融合是"融合新闻"得以产生和发展的推动力。

（二）融合新闻是媒体融合进程中的一部分

任何事物都是生存在一定的环境中。环境描述的是中心事物与周围事物之间的一种关系。新闻传播环境包括内部环境和外部环境，媒介在趋向融合的进程中对其内外环境都将带来影响。媒介融合在对新闻传播方式、新闻生产流程、新闻表现形式、受众需求等方面带来影响的同时，也对媒介经营管理模式、组织结构、产业发展以及社会发展中的技术、经济、规制、文化等方面都将带来一定的影响及变革。融合新闻的产生只是媒介融合在发展进程中诸多影响中较重要的影响之一。媒介融合除对新闻业务带来影响之外对媒介组织结构、产业化发展等方面也带来了重要的影响。

1. 媒介组织结构的重构

媒介组织是新闻生产的重要部门，组织结构的设置要符合新闻生产外部环境、新闻生产方式及新闻生产流程。优化的组织结构才能使媒介部门更好地适应激烈的竞争市场，提高部门经营管理效率，提升媒介部门整体竞争力。

中国人民大学蔡雯教授提出"对不同媒体的一体化设计以及媒体组织结构的一体化，是实现融合新闻的基础条件"。媒介融合时代，新闻产品的生产、制作、传播都发生了重大改变，传统的媒介组织结构已不再适合新时代的需求。媒介融合对新闻生产提出了两点要求：如何把多种媒介技术或者具备多种技术的生产者融合在一起进行内容生产；如何让分布在各渠道或分属于各个媒体组织的内容生产者集聚在一起进行内容产品的工作，媒介融合进程中的组织重构要满足这两点要求。媒介融合时代对媒介组织结构的调整就需要将不同媒介的新闻工作者聚集在一起开展新闻工作，以实现资源共享、节约成本。

上海证券报在 2006 年将中国证券网和上海证券报融合时就实行了多个媒体组织结构的重组。他将报网原有的组织结构整合在一起，重新组建一个班子，一套架构，不设立重叠机构，对报网统一业务生产流程，统一考核。2009 年又将报纸编辑部和不间断编辑发稿平台合并组建成全媒体编辑部，使之升级为涵盖报社所有形态产品编辑生产的全媒体采编平台，负责专业条线的全媒体各类产品的不间断策划、生产，成为对接数字出版部门、网络互动部门、数据资讯部门等报纸、手机和网络产品出口的枢纽。2008 年 7 月 1 日，烟台日报传媒集团将所属报纸（《烟台日报》《烟台晚报》《今晨 6 点》等）和集团新闻网站（水母网）等新老媒体的所有记者整合在一起，成立了集团层面的全媒体新闻中心，开始了集团化的业务流程塑造。广州日报在 2007 年为适应多媒体平台生产新闻内容的需要对报社编辑部进行改造组建"滚动新闻编辑部"。

从新闻业界对内部组织结构的调整来看，媒介融合时代将不同媒介组织整合在一起，重新组建一个班子一套管理模式，统一考核，监管和协调多媒体的编辑流程，成立全媒体新闻中心，实现集约化规模化生产已成为业界改革的关键。

2. 传媒产业化的融合

我国传媒业在国家政策体制的限制下，产业化的发展道路缓慢而且曲折，远远落后于国外发达国家。自从我国加入 WTO，面对国外传媒产业的竞争以及电子信息技术的快速发展，我国传统的传媒体制已不再适应时代的发展，改革传媒产业的呼声越来越高。2002 年，中共十六大报告第一次把文化产业与文化事业作为两个概念区分开来，并把文化产业定性为"繁荣社会主义文化、满足人民群众精神文化需求的重要途径"。此后，国家陆续出台了一系列的相关政策。2006 年《关于深化文化体制改革的若干意见》、2009 年《文化产业振兴规划》、2010 年《关于金融支持文化产业振兴和发展繁荣的指导意见》。2012 年 2 月 15 日中央正式对外发布《国家"十二五"时期文化改革发展规划纲要》，2017 年 5 月中共中央办公厅、国务院办公厅印发了《国家"十三五"时期文化发展改革规划纲要》提出："现代传播体系逐步建立，传统媒体与新兴媒体融合发展取得阶段性成果，形成一批新型主流媒体和主流媒体集团，网络空间更加清朗，社会舆论积极向上。"我国传媒产业在国家政策鼓励下正在快步向前发展。

媒介融合对我国传媒产业发展的最大影响就是加速了传媒产业融合的进程。产业融合是指由于技术进步和放松管制，发生在产业边界和交叉处的技术融合，改变了原有产业产品特征和市场需求，导致产业的企业之间竞争合作关系发生变化，从而导致产业界限模糊化甚至重划产业界限。媒介融合使传统报纸、广播电视和网络之间边界变得模糊，在它们的边界和交叉处融合形成了新的媒介形态。报纸和网络融合建立新闻网站、开发电子报；广播和网络融合开发出在线广播；电视和网络融合开发出网络电视等。媒介融合加强了传媒产业内部不同媒介之间的整合与联系，也就是说媒介融合增加了传媒业不同子产业之间的融合。在技术、经济、市场以及管制等因素推动下，媒介融合也增加了传媒产业与其他产业之间的联系。如手机电视、手机报等新媒体形态的出现，传媒产业和电信业之间的融合也便水到渠成。

随着电信业的快速发展，简单的通话交流已不能满足广大用户的需求，利用手机随时随地获取文字、图片、视音频等多媒体信息已成为这个时代人们的基本需求。消费者的服务需求则是产业融合现象之所以发生的基本出发点。正是这个需求的原动力最终推动并保证了技术融合乃至产业融合的实现。为满足消费者的综合需求，传媒产业和电信产业之间边界逐渐模糊，整个信息传播领域进入产业融合阶段。传媒产业与电信产业融合，可以利用电信产业的技术优势提升自身媒介产品的技术含量。而媒介产业具备丰富的新闻信息资源，可以成为电信产业的内容提供者。随着4G、5G技术的发展普及，随着国家"三网融合"政策的深入，传媒业和电信业真正融合已是信息产业发展的必然趋势。

学者付玉辉认为，对于信息传播领域的融合进程来说，可以将其演进路径简略地概括为媒介融合到产业融合的历史进程。而这个进程的最新阶段或必然结果就是大媒体产业的形成和发展。媒介融合对传媒产业最大的影响是加快传媒业"大媒体"产业时代的进程。

我们可以看到，"媒介融合"是来自整个传媒业由内而外的变革，涵盖多个方面，涉及多个领域，在新闻传播业务领域带来的影响就是产生了"融合新闻"。"融合新闻"在本质上是"媒介融合"发展进程中出现的一种新型传播模式。所以笔者认为，"融合新闻"并不等同于"媒介融合"，"融合新闻"是"媒介融合"进程中的一部分。

（三）融合新闻是融媒体发展的必然结果

在媒介融合发展进程中传媒业最终要开发出一种独立运行、流程完整、操作规范的新闻生产模式即"融合新闻"。笔者认为，"融合新闻"是"媒介融合"发展的必然结果之一。其原因如下：

1. 传播新闻是新闻传播业的核心功能

美国学者查尔斯·赖特在其1959年出版的《大众传播：功能探讨》一

书中，主要从社会学的角度提出了大众传播的"四功能说"：一是环境监视；二是解释与规定；三是社会化功能；四是提供娱乐的功能。新闻传播作为一种大众传播同样具有多样性的功能。在多样性的功能中，传播新闻、监督社会和引导舆论是新闻传播活动最基本的功能。而传播新闻是新闻传播业的核心功能。

媒介融合是在技术、经济、规制、社会需求、竞争等多个因素推动下产生的变革。媒介融合主要从媒介科技融合、所有权合并、媒介战术性联合、媒介组织结构性融合、文体与视觉的风格融合、新闻从业人员技能融合等几大方面展开的改革策略。新闻传播媒体无论怎么变革，其核心功能一定是传播新闻。

媒介融合利益基点是利润最大化，本质是新闻生产形态的融合，核心是开发和共享内容资源，必然结果是变革新闻传播业务，产生和发展融合新闻，形成有别传统媒体的新闻生产模式和市场方法。在新闻传播实务中发展"融合新闻"是"媒介融合"变革中的必然结果。

2. 融合新闻是传媒业的核心竞争力

1990年，美国企业战略管理学家普拉哈拉德（C. K. Prahalad）和哈默尔（GaryHamel）在《哈佛商业评论》上首次提出核心竞争力这一概念。传媒核心竞争力源自企业核心竞争力的理论。郑保卫、唐远清认为，新闻传媒的核心竞争力是指该传媒在经营和发展过程中胜过竞争对手的核心的资源和能力的总称。具体地说，它是该传媒以其主体业务为核心形成的能够赢得受众、占领市场、获得最佳经济和社会效益，并在众多传媒中保持独特竞争优势的那些资源和能力的总和。随着我国传媒产业的快速发展，传媒之间的竞争越加激烈，如何开发传媒核心竞争力成为传媒产业改革关注的焦点。

传媒业为了实施媒介融合战略，不断的推进媒体之间的整合与重组，组建大型传媒集团。传媒集团虽然规模扩大了，但很难做强，其主要原因就是传媒集团没有真正提高核心竞争力。核心竞争力是一个集团发展的持久动力和内在源泉，而核心竞争力的一个重要组成部分就是新闻信息资源的开发利用水平。学者陆小华认为"一个媒介所赖以赢得竞争、赢得对手的主要因素，绝不只是靠具有原创性的独家新闻，而是靠独家的、具有原创性的信息加工标准、加工方式、信息处理手段及信息表现方式"。在媒介融合时代，传播渠道不断增多，媒体间获取的新闻信息资源基本一致，所谓的"独家新闻"已失去了竞争了。媒体必须在新闻资源的开发利用、深度加工中形成媒体的个性，从而提高核心竞争力。媒体间实施融合的主要目的是为了在激烈的竞争中提高自身的核心竞争力。

为了提高核心竞争力，媒介融合必须开发融合新闻。最早进行媒介融合的美国论坛公司认为，融合的核心是新闻内容本身，融合的本质是做出什么样的内容，选择什么样的平台，以什么样最好的传播方式传播。媒介融合在发展进程中必须以"融合新闻"的形态传播新闻信息，"融合新闻"是媒介融合发展的必然结果之一。

第二节　融媒时代的新闻创作

随着新媒体应用范围的不断增加，公众对于信息载体的选择较之以往已有很大不同，传统媒体不再是信息传播的主渠道。从传统媒体时代过渡到新媒体时代，媒体融合已经成为必然趋势，在这样的大背景下，传统媒体新闻采访与写作也要与时俱进，积极转变发展理念和工作模式，改变以往被动信息传播和写作形式，积极融合新媒体，为传统媒体新闻的创新发展探索出一条新途径。

新媒体的发展促进了媒体竞争进入白热化阶段，传统媒体的发展空间被挤占，其发展形势更加严峻。面对媒体融合的大环境，传统媒体在新闻采访和写作方式上也要有所转变，认识到自身的困境与优势，积极寻求突破点，探索媒体融合的新契机，取长补短共谋发展，主动出击市场，通过新颖的新闻采访与写作增加传统媒体信息的实效性、趣味性和引导性，为提高传统媒体竞争力另辟蹊径。

一、融媒体环境下传统媒体的新闻创作困境

（一）市场占有率下降

互联网、大数据、新媒体——在信息多元传播的今天，传统媒体的信息传播、受众吸引力已经大不如前。相关数据显示，2016 年中国传媒产业总规模达 16078.1 亿元人民币，较上年同期增长了 19.1%。截至 2017 年 12 月，中国网民规模达 7.72 亿，互联网普及率达到 55.8%。网络广告收入已远超电视、广播、报刊等传统媒体广告收入。报刊广告发行继续呈现断崖式下滑的态势，电视广告市场也出现明显的萎缩。互联网无论是用户规模、产业规模还是资本投入、发展速度，都已超越传统媒体。传统媒体正在接受前所未有的挑战和考验。还有一些新闻纸媒大咖如《新闻晚报》已经停刊，而这并不是少数现象，社会对于"纸媒将死"的争议从未平息。在这样严峻的生存环境，纸媒只有逆势而起才能进一步竞争市场，争夺市场份额，争取更多读者，主动扭转当前的发展劣势。

在媒体融合这一概念出现之前，传统媒体已经基本形成稳定的商业运行模式——两次销售，第一次的销售是把报纸出售给读者，依靠报纸来吸引消费者的购买，但是鉴于报纸采编和发行成本较高，这环节的销售基本

处于不盈利状态；另一方面是将报纸的版面出售给广告商，依靠报纸的发行量、读者忠诚度等等一系列因素来吸引广告商对报纸的投资，用这部分的利润来弥补第一次销售的利益缺口。由此可见，广告收入对报纸的重要性，它决定了报纸的经济命脉。但是新媒体的出现，它对具有强大购买力的受众吸引力日益增加，同时广告发布形式多样、成本低廉、广告传播效果更优胜，新媒体凭借这些优点，开始分割传统报纸的广告收入，这无疑对传统报纸的发展产生了极大的威胁。

一方面，新媒体分流了报纸大部分 35 岁以下的读者，这也是最具有购买力的读者群，也是被众多广告商所青睐的潜在消费者。新媒体吸引了具有较强购买力的受众，这也就使得广告商把广告费倾斜到新媒体，因为这样广告的潜在消费者才会和媒体的受众较高程度上的吻合。于是在分流了传统报纸的读者背后是新媒体开始蚕食鲸吞报纸的广告份额。

媒介传播其实是在以一定的符号系统来传达特定的意义，比如报纸借助文字；杂志借助图片；广播借助声音；电视声画合一，同时配有必要的文字，而网络则是兼具了文字、图片、声音、视频各种符号，多媒体的传播手段，使得传播效果最大化。又可以巧妙地利用技术手段，将海量的信息通过策划、加工，整合为较为理解和接受的图表，改善了传播的效果，使传播不再这么枯燥和乏味，使受众在享受的心情下获得信息。虽然新媒体在新闻的获得和权威性方面不如传统报纸这么有明显优势，但是它可以把报纸生产的新闻拿到自己的网络平台上播放，利用自身的传播优势来吸引眼球，利用传统报纸的内容来分割传统报纸的受众和广告份额。新媒体的这一举动不仅为自己带来了盈利，同时拉长了整个报业生产和传播的链条，改变了以往利益分配的格局，报纸在一定程度上成为网络信息的提供商，身处网络信息传播链条中的下游，失去一定份额的利润，而新媒体坐收渔翁之利。

这些优势都在不断放大新媒体的传播效果，也使得广告商更加的青睐新媒体，从而把更多的广告费用从传统报纸撤出而转投新媒体。

在传播模式上，以网络媒体为代表的新媒体具备了一些传统报纸所无法比拟的优势，同时，传统报纸对广告收入具有高度的依赖，它的盈利模式相对单一，并且与数字化技术充分适应的生产组织和管理模式尚未建立，这一系列的力量对比，更加突显了新媒体发展势头的强势，而传统媒体则显得非常被动，传统媒体在受众突然流失、发行和广告均断崖下滑的情况下有些不知所措，这也正是报业困境的主要内在因素。

（二）规模与范围优势不再

传统媒体在市场竞争中已经具备了庞大的规模优势，这是传统媒体多年发展所积累的宝贵资源。由于市场覆盖范围巨大，所以传统媒体经营成本得到有效平衡，行业盈利水平相当乐观。尤其是规模优势所产生的社会影响力，更为传统媒体带来了巨大的广告收益，虽然报纸售价远低于生产成本，但是依靠广告收入仍能为报社创造良好的经济效益。但是在新媒体环境下，信息传播途径和传播方式已经明显改变，网络平台、自媒体都成为信息传播的主要途径，而传统媒体优势已经不再。与新媒体无所不在的覆盖范围相比，传统媒体的规模优势已经微乎其微，这些都提示传统媒体要积极创新转型，只有重新获得市场发展优势才能避免被淘汰的命运。

新媒体对传统媒体的冲击主要体现在三个方面：

1. 受众数量急剧下降

2012 年之后，中国媒体行业逐渐进入了新媒体时代，指尖上的新闻模式，迎合了现代人的生活需求，也为受众提供了多元化的信息获取渠道。面对新媒体的新载体、新渠道、新优势，一直处于媒体翘楚的纸媒失去了竞争优势，读者数量的急剧下滑，让地方纸媒日益边缘化。在以读者为主体的媒介时代，地方纸媒数量的流失，无疑是致命之击。早在 2008 年，一些地方纸媒为了适应时代发展所需，相继推出了纸媒 APP。从 2016 年的数据来看，地方类报纸有 APP 的只有 10.2%，低于全国类报纸 18.4% 的占比。很显然，地方类报纸与新媒体融合的力度还不够，大量年轻读者流失，受众更热衷于新媒体。

同时，伴随着各大视频门户网站不断兴起以及媒介类型的多样化，消费者的媒介使用时间越来越碎片化，传统电视面临着前所未有的挑战。同比 2016 年，2017 年前三季度传统电视晚间各频道级别的收视率均呈下降态势：2017 年 1 – 9 月，整体电视总收视率为 25.84%，相比去年同期下降 11%。分频道组来看，卫视以及地面频道的收视率降幅较大。其他数字频道有 14% 的收视增幅。

2. 盈利模式相对滞后

新媒体的发展，形成了新的媒体市场，传统的盈利模式不能适应新的环境。平面广告是传统媒体的重要盈利渠道，但已逐渐被数字广告所取代，传统媒体的盈利渠道收窄。与此同时，快速便捷的数字新闻，逐渐取代了传统报纸的订阅模式，订阅量下滑，传统媒体的营业收入下降。盈利渠道不畅，服务成本增加，让传统媒体的生存压力剧增。如何适应媒介环境，依托与新媒体的融合式发展，拓展盈利模式，值得传统媒体深思。

3. 竞争优势锐减

从现实情况看，传统媒体的竞争优势锐减。这一方面是媒体载体平台单一，面对新媒体交互式平台，缺乏竞争优势，难以满足用户的需求；另一方面，相比于新媒体，传统媒体的成本较高，缺乏成本优势。而新媒体在这些方面的成本支出为零，大量数字广告在 APP 等平台中投放，增加了盈利收入。因此，当前传统媒体既缺乏成本优势，又缺乏媒体平台优势，在双重弱势的压力之下，传统纸媒的突围任务是艰巨的，要认清媒体环境，以新的姿态立足传统媒体优势，实现新的发展，提高竞争优势。

之所以说传统媒体大有被正在兴起的网络媒体所取代之势，主要原因就在于受众的成长、层次、体验、习惯的改变，加上新互联网时代以人为本的特征，他们共同构成了导致传统媒体行业颠覆的最深层次的原因。把从传统媒体流失的具有购买力的年轻读者再次吸引过来，这也是传统媒体思考的重要问题。

二、媒体融合对传统媒体新闻写作的影响

（一）缩短媒体与受众的距离

在媒体融合环境下，信息传播途径更加丰富多样，传输速度、到达率也较之以往有很大进步。传统媒体与新媒体的融合有利于增加与受众之间的互动沟通，如利用微博、微信等平台与读者进行互动，吸收网民成为传统媒体新闻线人等。在新媒体互动环境下，读者与传统媒体之间的距离感会消失，增加受众亲和力，同时还能获得更丰富的信息来源渠道，改变以往新闻素材发掘完全依靠记者发掘的单一模式。通过新媒体交流能够有效发动社会力量，或者质量更高的新闻资源，扩大传统媒体的社会影响力，树立崭新的媒体形象，获得更准确的市场定位。

（二）保持传统媒体写作优点

媒体融合使得传统媒体在继续保持自身优势，突出新闻报道的严谨性、逻辑性、连续性等特点之外，还要学习新媒体信息传播范围广、信息实效强、操作灵活、风格多样等优点。在学习新媒体报道方式的同时保持自身的写作特点，即：一方面学习新媒体的碎片化写作方式；另一方面，又要与新媒体碎片化的写作方式区别开，提升自身信息的辨识度，引导读者去阅读并分析新闻，从而在新闻写作这一环节提高传统媒体的新闻吸引力。

三、媒体融合下的新闻采访

（一）融媒体环境下的新闻采访技巧

1. 发现新闻线索，增强新闻敏感度

新闻工作者只有通过积极的考察和走访才能够真正地获得大量有价值的新闻线索。新闻采访者在搜集新闻线索时，一定要注意无论某一事件新闻价值大小，都应该展开深入的分析和调查，从而得到有价值的新闻线索。同时新闻采访者还要注重自身新闻敏感度的提高，一方面要在高度政治觉悟的指引下来过滤和整理新闻信息；另外一方面新闻采访者要想真正的编排出对社会有价值的新闻，就必须拥有高度的社会责任感。

2. 善于观察，从细节入手

新闻采访者要想挖掘到有价值的信息，就必须具备较强的观察能力，能从各方面的细节出发，探索出有价值的内容，从小事件后发现大新闻。然而观察能力并不是与生俱有的，需要新闻采访者后天的积累和培养。因此，新闻采访者要从日常生活中的事件出发，养成透过多角度来分析和观察世界的习惯。只有这样才能够面对新闻事件时，挖掘出独特新闻视角。

3. 调整心态，端正采访动机

在新媒体时代背景下，新闻事件一旦发生，就会迅速地被多种媒介广泛传播，这就需要新闻采访者做好采访准备、端正采访动机。为了保持新闻报道的真实、客观、公正，采访者在采访前应该就采访的主题和被采访人的具体情况做深入的了解，进而确保在采访过程中可以对采访节奏有一定的把握。同时在采访过程中应该尽量不带有个人色彩，不带有其他动机，真正还原新闻事件的真实面目。

（二）融媒环境下的新闻采访思路

1. 一次采集，多种发布

在媒体融合环境下，新闻采访在内容上要具有较高的兼容性，能够适应多个媒体类型，从而适应当前崭新的信息业态，并将采访视频、文字、图片等上传至新媒体平台。在"推动传统媒体与新媒体融合发展"论坛中，资深媒体人李从军指出，要打造"天上一片云，地下数张网，中有交互台，集成服务场"的崭新格局。这就需要传统媒体进一步拓展发布途径，突出新媒体适配性。

2. 理清头绪，有的放矢

对于媒体风格而言，记者在新闻写作中对于各种媒体风格要有准确把握，在采访中确定明确目标，找准关键节点进行采访，获得与媒体风格相协调的一手新闻素材，以减少采访的主观盲目性。针对媒体受众进行专项采访，所呈现的采访形式、提问风格、新闻内容呈现等都有较大不同，这就需要记者根据预期采访选题设计不同的采访风格，采用多角度新闻发掘方式，对采访活动进行规划设计，进一步提高记者的采访技巧。

（三）融媒体环境下的新闻采访创新

1. 采访技术创新

在新媒体时代背景下，传统媒体的传播方式逐渐显现出了其不足之处，尤其是技术能力的不足。新媒体采访设备更轻便快捷，移动直播设备的运用不仅可以完成传统电视媒体的采访、拍摄，还能在更复杂的环境中实现实时传播，即时互动。传统媒体从业者当居安思危，主动学习新媒体技术提升自身的知识。新媒体和传统媒体在技术上融合也能够更好地促进新闻采编事业的发展，可以通过保留传统媒体新闻报道优势，比如：权威性、公信力、深度报道等，再结合年轻受众的需求，用新媒体的传播样式吸引广大年轻受众的关注度。因此，所有的媒体从业者都应该做好应对措施，掌握快速学习运用新媒体技术的能力。

2. 交谈方式的创新

人们经常会看到这样一些情况，如记者采访之前准备不足、被采访的相关人员不愿意配合等，导致采访出现一些尴尬场景。这种情况的出现跟记者自身语言组织能力有非常大的关系，在新媒体传播语境下尤其如此。另如，在采访中运用一些流行语言是缓解采访局面尴尬的重要手段，例如里约奥运会刘京京与傅园慧的采访对话中，因为刘京京对语言的合理组织与运用、对一些网络用词的合理处理，使采访得以圆满完成。因此，在记者采访过程中，恰当的语言表达及创新非常重要。

3. 采访形式的创新

融媒体时代的新闻采访不仅要在技术和谈话方式上创新，还要创新采访形式。以电视新闻采访为例，可以借助融媒体平台和户外采访的形式，让观众产生耳目一新的视觉效应。比如，电视台可以将固定在演播室内的采访形式，转变成跟随被访问者到户外边活动边采访，让观众了解被访问者的日常生活，再根据采访的需要及被访问者的特性，选择一个符合被访问者气质形态的室内进行深度谈话。在采访完成后，积极借助融媒体平台，将节目精髓或幕后采访花絮剪辑后，以短视频的方式发布在新媒体平台上，利用新媒体及时、快速传播新闻的特性，以碎片化的内容，引起观众的兴趣，让节目不断在观众面前呈现出创新亮点。目前，一些电视台的真人秀节目在广泛使用，但是常规的新闻和其他节目却用得较少。

四、媒体融合下的新闻写作

（一）写作风格

1. 长短皆宜

新媒体的新闻创造形式与传统媒体新闻写作有着明显不同，网络新闻倾向于利用浅显的语言描述新闻事件，整体篇幅较短，多段、短句，很少出现长篇大论的新闻稿件，新媒体稿件层次更加丰富，从而使信息受众在更多的时间内获取更多的信息内容。而传统媒体则以完整、深刻的新闻写作方式为主，而且新闻影响力较大，篇幅较长。客观来讲，新闻受众并非一味排斥篇幅较长的新闻稿，只要稿件质量好，能够与读者产生共鸣就会受到读者欢迎。但是在快餐式的新闻传播中，新闻深度已经被严重忽视，而作为传统媒体新闻创作者，则需要在新闻事件中充分发掘其深度价值，在新闻写作上灵活掌握篇幅长短，既能适应网络新闻简洁明了的特点，同时也能够适应移动阅读，为读者营造更良好的新闻阅读体验。

2. 轻松活泼

网络新闻在语言表达上很有特色，其中最为典型的特点在于网络语言的应用。网络语言新颖、特别，而且简洁上口，很有人情味和个性化特点，因此更具传播亲和力。在媒体融合环境下，传统媒体也要有借鉴的学习网络新闻写作特点，弃其糟粕取其精华，增加新闻创造的趣味性和亲民性，如《人民日报》就曾在头条标题中引用"给力"、"凉凉"这样的网络语言，这就是具有典型性的有益尝试。轻松活泼的创作风格能够使传统媒体新闻的传播价值进一步提高，从而增加其社会影响力。

（二）写作技巧

1. 重视改写能力

相同的新闻内容在不同发布平台上可能呈现出不同风格，这就需要记者在新闻创作中根据终端受众特点进行新闻创作，从而将新闻改写成短信息、简讯、弹窗信息、一句话热点、新闻综述、新闻评论等多种形式，从而提高不同媒介之间的适用性，这就对记者的新闻改写能力提出了新的挑战。多数情况下，传统媒体内容转移到网络媒体中需要改短篇幅，同时还要关注新闻标题创作，力求标题简洁有趣，亮点突出，能够吸引受众主动点击，注重新闻导读写作，从而起到阅读引导作用。

2. 表达准确，言简意赅

信息爆炸时代，公众会在海量信息中迷失无措，很难寻求到真正有价值的信息。尤其是在媒体融合环境下，信息数量、新闻类型不断增加，这就需要新闻从业者树立鲜明的精品意识，保证新闻写作的真实性和准确性，注重新闻写作技巧和表达技巧，突出文字的感染力。在写作上要精益求精，保持字斟句酌的良好创作态度。同时还要积极引入新媒介传播因素，如在新闻写作中增加视频、图片、音频等元素，以增加新闻的可视化元素，优化信息传播效果。

3. 注重标题

为了能在竞争中吸引更多的受众立于不败之地，新媒体多在标题中设置悬念来吸引受众。

标题（Headline）在传统媒体时代是新闻的眼睛。在新媒体时代就不只是眼睛那么单一了，可谓决定新闻信息的存在价值。据研究：网友30%的时间花在标题上。好标题激发的广告阅读率在50%-90%左右，烂标题的阅读率在5%-20%左右，一般性广告标题的阅读率在20%-50%左右。

什么才是好标题呢？需要具备以下一些要素：有信息量，有趣，有态度，有悬念，有传播力。所以要合理有度地在新媒体新闻标题中设置悬念，让受众一开始就能从新闻标题中感知到新闻的感染力与吸引力，这样受众才会花流量、花时间与精力去点击阅读新闻内容。

提高新媒体新闻的点击率与传播力，制作有吸引力的新闻标题只是重要的一步。追求新闻标题的吸引力不能过度，如果肆意而为之，恐怕要沦为我们通常说讲的"标题党"，后果与影响也将非常严重。"标题党"首先损害的就是新闻的本质与媒体的公信力。从长远看，"标题党"不但不会起到吸引受众的作用，反而会丧失受众。例如，读者看到新闻标题有继续阅读的兴趣，但是在阅读新闻的过程中发现标题与新闻内容严重不符，读者就会感觉被欺骗了，从而产生对媒体的厌恶而不再信任此媒体。过多使用"标题党"会使媒体的形象受损，降低受众对媒体的信任度，甚至让受众产生憎恶情绪。

此外，"标题党"会导致新闻信息传播失灵现象发生，因为"标题党"往往不坚持正确的舆论导向。我国的媒体，坚持正确的舆论导向是一个硬性要求，绝没有例外，而"标题党"行为是新闻舆论工作中的一种失范行为。比如以下标题《5000学生被送天安门，冒雪观升旗》《之前巨响还未查清，山东又现不明巨响》（假新闻）、《白岩松：骂央视是互联网的"政治正确"》等舆论导向明显出现问题。"标题党"是新媒体新闻传播环境中的一个毒瘤，严重的将会导致社会文化审美的蜕化、社会道德共同体的解体以及流氓舆论霸权。

在新媒体环境下，传统媒体的生存与发展受了严重威胁，但是挑战历来与机遇并存，尤其是在媒体融合的发展趋势下，传统媒体更要从中寻求发展突破口，通过信息、平台、传播渠道等多重因素的融合，积极创新采访和写作模式，实现媒体资源的有益互补。通过采访与写作技巧的优化，有利于深度发掘媒体融合的发展契机，进一步发挥自身优势，突出信息报道的系统性、权威性、连续性，为传统媒体发展创新注入新活力，助力传统媒体突破困境，拓展更新、更广阔的发展空间。

第三节 融媒时代的新闻创新与发展

在移动互联技术和新媒体技术的推进下，新旧媒体呈现出互相渗透、互相碰撞、互相推进的发展特征。基于崭新的传播理念和移动互联技术，传统媒体努力调整姿态，积极寻求着新的媒体融合之路，通过构建内容生产新平台和新型移动终端，实现向新型主流媒体的目标转型。在此背景下，融媒时代的新闻报道开始突破原有的传统表达形式，试图通过个性化的内容和服务重构与用户的关系，增强与用户的情感互动。

面对传媒领域的深刻变革，传统媒体纷纷强化互联网思维，推动体制机制改革，积极探索媒体转型和融合。从公式化、高姿态的表达方式中逐渐摆脱出来，转向以技术为支撑创建新平台，尝试颠覆传统的表达结构，并与受众建立新的传播和互动关系。在媒体融合发展不断深入的情况下，新闻业在把握与受众关系变化实质的基础上创新表达形式，进一步加强与受众的情感互动也是大势所趋。

一、表达主体的创新

媒体融合语境下，作为新闻传播的主体，主持人、记者等也开始探索新的人性化表达方式。过去，传统新闻理论要求新闻表达的主体尽可能淡化自己的情绪，客观地陈述事实。但在媒体融合时代，传统媒体如果不改变姿态，创新表达方式，将很有可能被受众忽略，甚至遗忘。因此，新闻传播主体在媒体转型阶段必须尽量满足社会的需要，发挥自己在专业内容生产领域的特长和优势，用个性化、人性化的表达方式与受众建立新的关系或交往规则，从而实现新闻意义的共享和情感层面的交流。

从表达内容看，表达主体要重视在报道过程中融入"关系讯息"。与事实等内容讯息不同，关系讯息是指传播者通过语言、声调、神态、节奏等表现出来的行为暗示。而接收者则通过解码的过程，将关系讯息通过意义建构转换为自己的情感和想法，获得与传播者之间的关系理解。新闻传播主体从深层考虑，在报道中融入关系讯息不仅能够传递新闻背后的情感内涵，赋予信息更多的溢出价值，而且在潜移默化中能够强化交流双方的关系状态，使接收者理解。

2017年1月底，央视利用移动直播的形式报道了全国首条空中自行车道——福建厦门云顶路自行车快速道的试运营状况。记者充分运用有声语言和肢体语言为观众展示了自行车道上的骑行风景和贴心设计，也将自己在骑行中的所见所闻和内心感受与广大网民分享。在报道中，出镜记者不仅引导着受众去观察和体验，而且也通过自己对现场节奏、观众互动和情感流露的掌控，丰富了整个新闻事件的关系讯息，让新闻真正实现了平等"对话"的形式。

二、新闻叙事形式的创新

随着移动互联技术的发展，手机、平板电脑、笔记本电脑等移动终端技术的出现为受众表达自我、分享信息和社交来往提供了新的技术支持。面对新媒体突破时空限制的优势，传统媒体有闻必录、单向线性的新闻传播方式受到冲击，无法满足受众多元化的需求。在融媒发展的生态环境下，新闻传播应利用技术的变革带来全新的报道形式，以"服务性思维"来引导受众实现"译码"的过程。

（一）非线性故事化叙事结构减弱认知状态下的距离感

无论新闻文本的呈现形式如何改变，讲好故事仍然是媒体融合时代的受众思维逻辑。在内容市场趋于"饱和"的状态下，传统媒体从复杂的新闻事实、原始数据中筛选出最有意义的信息，并将其组成有条理、易理解和记忆的新闻叙事，成为缩短媒体与公众情感距离的关键。考虑到用户的传播习惯和阅读偏好，媒体融合时代的新闻报道还需要改变过往混乱的信息传播模式，以非线性的形式为观众讲述好故事。美国公共广播公司纪录片频道推出的报道《背叛者的关系网》，称得上是融媒新闻报道的典范。作品用视觉化的手段讲述了2008年孟买恐怖袭击的策划者——黑德利一生的复杂人际关系。依靠新媒体技术，该报道将纪录片中的新闻素材进行重组，融合了交互式图片、视频以及音频等多元化的新闻要素，以多形态的故事化叙事方式呈现在观众面前。观众可以通过点击、拖、拉等动作自行决定观看内容的顺序、范围、速度以及形式，接受视听内容的同时迅速理清事件中的复杂关系，从而体验到高效而有逻辑的阅读乐趣。虽然有很多人对这种新闻报道模式不看好，但其独具特色的叙事模式依然为新闻报道的数字化转型提供了新的思路。

（二）全感官式叙事增强人际互动的代入感

通常，传统媒体在报道时多采用全知视角进行叙述，虽然很容易让人了解和把握事件的整体脉络，但封闭式的叙事系统经常会让受众产生"众多围观者的一员"的旁观心态。在个性化凸显的传播环境下，移动场景的意义被极大地强化。在现实体验技术的支持下，受众可以主动参与新闻事件发生的全过程，从旁观者的视角中剥离出来，甚至在体验路径中得到触觉、视觉、听觉等多感官的信息反馈。H5、VR、交互体验、定位系统……传统媒体的新闻叙事正逐步转变为以大数据技术为基础、与用户建立精准交互连接的形式。可以预见的是，未来用户个体的感官系统将继续被开发，获得更加真实和丰富的场景体验。

三、新闻传播渠道的创新

在媒体融合时代，随着媒介系统中的用户关系呈现"去中心化"的特征，情感联结将成为新闻传播渠道的内在逻辑。进一步来说，新闻报道在为用户展现新闻语面意义时，也要考虑到如何传递出新闻背后的情感、态度和精神内涵。

（一）移动直播建立开放式的对话关系

对话不仅能够使双方在某些观点上产生共识，而且还能帮助双方找到共同认可的新的思想基础。移动直播是网络传播发展的进化，传播者以视频化、可视化的方式能更深入、直接地实现人与人的连接。目前，不论是传统主流媒体，还是网络媒体都迅速地在移动直播领域占领优势，推出了自己的直播平台，如"央视新闻移动网""人民直播""现场云"等。用户可以通过评论、弹幕的方式实时交互，甚至可以用自己的手机参与直播过程，成为内容的接收者和生产者。移动直播搭建的事件平台，打破了新闻发布与新闻传播的闭环，让用户可以通过与记者对话的形式体验到现场感。未来，媒体可以借助移动直播的形式与公众构建起更加多元化的对话"情境"，根据受众的立场和接收习惯对新闻的意义进行解读、协商甚至是争辩，从而达到信息共享和情感互动的目的。

（二）平台化转型满足个性化传播关系

在新的媒体生态环境下，传统媒体与网络媒体的传播边界逐渐模糊，很多内容资源因其同质化、低俗化引起受众的审美疲劳和选择乏力。因此，新媒体和传统媒体在融合过程中需要让内容资源在自己的渠道应用上实现最佳配置，从而满足受众的个性化需求。例如，新媒体可以基于大数据分析对内容资源进行掌控，降低信息获取成本，使得资源能够实现最佳配置。

传统媒体可以打造属于自己的专业化平台，通过筛选、整理提高信息资源的质量，同时将媒体业务扩展至其他领域，更好地实现跨界合作。依托传统媒体在内容生产上的优势，逐渐与受众搭建起单向、双向、交互式等多形式的传播关系，完成在媒体融合时代的平台延展和转型。

虽然传播技术的发展和应用为受众带来了独特而全新的新闻体验，但技术的出现仍然受到更深层次社会语境的影响。透过众多繁杂的传播形态，可以发现信息传播形态改变的本质其实是传播关系的改变。

对于新闻业而言，从关系视角出发实现数字化转型将会成为一个动态、持续的过程。具体而言，在融媒时代，传统媒体一方面要主动融入互联网开放平台，借助自身专业化、内容生产等优势，搭建高效的媒介平台；另一方面需要提供更为有效的情感互动模式，尊重受众的主体地位，以服务思维和产品思维为受众提供高质量的新闻报道，并让受众主动参与新闻生产和传播的过程，最大限度地拓展与用户的信息连接和情感互动。

第三章 融媒时代的新闻传播教育

　　网络时代的来临给我们的生活和工作方式带来了很大的变化。人们的生活习惯在逐渐发生改变，这给新媒体的发展创造了条件。以网络为平台的新媒体的发展十分迅速，给我国传统媒体的发展带来了阻碍。这使得对于新闻传播学的人才需求在进一步加大，但是在以培养传统媒体人才为主的高校培养出来的学生已经无法满足新媒体对人才素质的需求。所以必须改变以往"重理论，轻实践"以及"有一定意识，但不知道如何有效实践"的教学观念的现状，根据新媒体对从业人才的新要求，培养学生的融媒体意识和全媒体技能，在日常的教学中做到理论与实践的紧密结合。

第一节 新闻传播事业发展概述

一、中国新闻事业发展史

　　我国的新闻事业发展以建国为分界点大致可以分为前后两个阶段。第一个阶段是旧中国时期的办报活动。而这一时期又可以分为三个小阶段：

即清政府统治时期、北洋政府统治时期、南京国民政府统治时期。

清政府统治时期（1900—1911）约 11 年，这一阶段是中国的新闻工作者冲破封建统治者的束缚，在海内外广泛开展办报活动的时期。这一时期内，资产阶级的维新派和民主革命派竞相办报，立宪党人主办的报刊各类政府官报陆续出台，外商投资创办的报刊也有一定的发展。

北洋政府统治时期（1912—1928）约 16 年，这一时期资产阶级的政党报纸和各种政治倾向的报纸全面发展。同时在资本主义经济发展的影响下，民办报纸也进入了发展的黄金时期。另外。五四运动、新文化运动以及中共成立等事件的接连发生也促进了党报的诞生。但是在北洋政府统治时期，以袁世凯为首的几任民国总统都曾对新闻出版事业进行过迫害，出现过"癸丑报灾"那样的办报活动的低潮。

南京国民政府统治时期（1928—1949）约 22 年，其中包括抗日战争时期的 8 年，是国民党各级党报大发展的时期。京津沪等大城市和抗日战争时期大后方几个主要城市的民办报纸，在夹缝中求生存，也获得了一定的空间。共产党主办的报刊，先是在白区秘密出版，继而在苏区边区各抗日民主根据地和解放区公开出版，由小到大，发展更为迅速。通讯社和广播事业，也有长足的进展。国民党当局曾颁布过近百种各式各样的法规，对进步和革命的新闻出版事业实行限禁，但都未能得逞。

后一个阶段是中国共产党领导下的新中国办报活动的时期。这一阶段也可以分成四个小阶段，即 1950 年至 1957 年建国初期的阶段，1957 年至 1966 年开始全面建设社会主义时期的阶段，1966 年至 1978 年中共十一届三中全会召开以前的阶段，和 1978 年至今的阶段。

建国初期的阶段共 7 年，主要作了两件事，一是有步骤地进行了新闻事业的恢复和改造工作，二是建立起初具规模的社会主义新闻事业体系。1957年至 1966 年的阶段共 9 年，是新中国的新闻事业有较大发展的阶段。这一阶段，适应社会主义建设全面发展的需要，报纸和广播电台大量增长，同时开办了电视事业。1961 年起，受调整国民经济发展速度的影响，一度压缩了新闻事业的规模。60 年代中期以后，又重新得到恢复。1966 年至 1978 年的阶段共 12 年，其间，新闻事业特别是其中的报刊出版事业，受到了这个特殊时期的很大的影响。相对于报刊说来，这一时期的通讯社广播电视事业，有一定的发展，但也远未达到应有的水平。

最后是 1978 年至今这一阶段，这一时期的我国新闻事业迅速发展的时期，适应建设有中国特色社会主义的需要，新闻事业加快了改革的步伐。尤其近几年互联网发展迅猛，新媒体日渐融入了人们的生活，形成了一个多层次，多品种，多平台，多特色，多功能，能够满足各种受众需求的新闻传媒体系。

中国新闻事业经历了百余年的发展，这百余年，是中国新闻传播事业由近代化向现代化发展的历史，是中国人民由被剥夺了在新闻传播媒体上发言的权利到成为新闻传播媒体的主人的历史，是中国的新闻传播事业由单一的媒体向多媒体发展的历史。

二、中国新闻事业发展的研究成果

从目前出版的学术著作中对中国新闻史发展阶段划分的情况看，比较多的著作大多采用了一些影响较大的新闻史著作中采用的阶段划分标准。主要有如下几种代表性的观点：

第一，戈公振先生在《中国报学史》中把中国从古代到 20 世纪 20 年代中期的中国新闻事业发展史划分成为：官报独占时期、外报创始时期、民报勃兴时期、民国成立以后等 4 个发展阶段。

第二，上海复旦大学新闻学院丁淦林教授主编的《中国新闻事业史》把中国新闻事业史划分为 14 个发展阶段，即：中国古代的新闻传播、中国近代报刊的产生、维新运动中的国人办报热潮、辛亥革命时期的新闻事业、五四时期的新闻事业、中国共产党成立和大革命时期的新闻事业、十年内战时期的新闻事业、抗日战争时期的新闻事业、人民解放战争时期的新闻事业、基本完成社会主义改造时期的新闻事业、全面建设社会主义时期的新闻事业、"文化大革命"时期的新闻事业、社会主义现代化建设中的新闻事业。

第三，白润生先生编著的《中国新闻通史纲要》把中国几千年的新闻事业史划分成为 14 个阶段，即：中国古代的新闻传播、我国近代报业的兴起、第一次办报高潮的形成与发展、第二次办报高潮与少数民族报刊的兴起、第一批名记者的出现与民国初年的少数民族文字报业、革命民主主义报刊的产生、无产阶级报刊破土而出及其初步发展、资产阶级新闻事业的发展与两极新闻事业的形成、多元化的政治势力及其新闻事业的共存、多元化政治势力及其新闻事业的最后较量、中华人民共和国新闻事业的建立、社会主义新闻事业在探索改革中曲折前进、浩劫中的社会主义新闻事业、新时期新闻事业的繁荣。

第四，华中科技大学新闻与信息传播学院吴廷俊教授的新著《中国新闻史新修》中以"上编""中编"和"下编"的形式分别叙述了"帝国晚期的新闻事业"（古代 – 1912）、"民国时期的新闻事业"（1912 – 1949）和"共和国时代的新闻事业"，（1949 – ）这三个大阶段中国新闻事业的情况。此外又设"补编"介绍了"1949 年后台、港、澳的新闻传播事业"。

第五，上海复旦大学新闻学院黄瑚教授在其《中国新闻事业发展史》中，把中国新闻事业的发展历程分为"新闻事业在中国的出现与长足发展"（1815 – 1895）、"从民族报业的勃兴到新闻事业的全面发展"（1895 – 1927）、"两极新闻事业的发展及其影响"（1927 – 1949）和"社会主义新闻事业的建立、发展与改革"（1949 – ）四大阶段。

三、当前我党新闻事业的转型

（一）加强正面报道，把握正确舆论导向

新闻舆论属于意识形态，是上层建筑的一部分，由经济基础所决定，同时又服从服务于一定社会的经济基础。任何一个国家、阶级和政党都非常重视新闻舆论，千方百计地要控制舆论。我们党几代领导人都强调了要坚持正确的新闻舆论导向问题。"历史的经验反复证明，舆论导向正确与否，对于我们党的成长、壮大，对于人民政权的建立、巩固，对于人民的团结和国家的繁荣富强，具有重要作用。舆论导向正确，是党和人民之福；舆论导向错误，是党和人民之祸。"在1996年全国宣传部长会议上，江泽民同志对新闻舆论工作进一步作了全面阐述，提出要达到五个"有利于"的要求。五个"有利于"的提出，从新闻传播和思想宣传规律的角度，深刻揭示了无论何时都要坚持正确舆论导向的目标和要求。我国现在进行的社会主义现代化发展，是中华民族有史以来最伟大的事业，积极进取、健康向上始终是我们这个时代社会生活的主流。因此，如实反映在党的领导下各项事业所取得的成就，充分展示人民大众的奋斗业绩和精神风貌，是我们这个时代新闻宣传的主导性任务，这一点是不容置疑的。

（二）实施有效的舆论监督

在法律允许范围内，加强实施社会舆论监督，是党和人民赋予新闻工作者的神圣权力，也是增强和发挥新闻报道的职能与战斗力的重要方面。新闻媒体的舆论监督，实质上是人民的监督，是人民群众通过新闻舆论对党和政府及其工作人员进行的监督，也是对社会运行和发展情况所进行的有效监测。舆论监督搞得好，既有利于密切党和政府与人民群众的血肉联系，也有利于加强和改进各项工作，遏制社会上某些丑恶与腐败现象的滋

生蔓延。改革开放之前，新闻媒体在舆论监督方面虽然也做了一些工作，但总的来说，舆论监督的力度和广度都很不够，"报喜不报忧"是新闻宣传存在的普遍现象，这与新闻报道没能坚持"群众喉舌"的舆论监督作用、没能从根本上坚持实事求是的原则直接相关。80年代以后，随着改革开放的深入，各级媒体的各种曝光性的新闻及专题节目、栏目逐渐增多，新闻媒体舆论监督的作用越来越得到加强，很多揭露社会腐败、监督政府职能方面的重大新闻，受到上自中央领导下至普通群众的广泛关注和一致好评。

（三）以多种方式弘扬先进文化

判断一种文化是先进还是落后，主要应当看它在经济和社会发展中所起的作用。当代中国的先进文化，是有利于生产力发展、有利于促进人民身心健康的有中国特色的社会主义文化。对新闻媒体来说，自觉地传播与弘扬先进文化，鞭挞腐朽落后文化，以引导、培养受众健康向上的精神需求，营造良好的社会文化氛围，是社会发展对新时期新闻事业提出的新的要求。

过去，新闻报道多集中于一些严肃的时政类新闻或思想宣传领域，而对于一些与受众日常文化生活密切相关的、政治性不明显的所谓"软新闻"却很少涉及。事实上，由于这类新闻涉及面广、人情味浓、需求性强，更容易引起受众的关注和兴趣，因而也更容易寓思想性、倾向性于知识性、娱乐性之中，发挥新闻媒体营造健康社会文化氛围的"软喉舌"作用。新时期以来，各新闻媒体在这一方面作了重要拓展，取得了突出成就。大量生动活泼、与大众日常生活息息相关的社会新闻、服务性新闻精品迭出，极大地丰富了人民群众的文化生活。实践证明，党的新闻事业是社会主义文化建设的一支快速有力的反应部队，这支部队应以多种多样的方式做弘扬先进文化的承载者与先导者。

总之，历史业已证明，以马克思主义理论为指导，作党和人民的喉舌，是党的新闻事业必须始终坚持的优良传统；同时，与时俱进、不断探索、不断发展创新，也是喉舌论题中的应有之义。只有这样，新闻宣传才能真正肩负起"党的喉舌"与"人民喉舌"的双重职责，才能充分、有力地发挥其喉舌功能。在21世纪里，面对社会变革的一系列新情况、新问题，如何将我党新闻事业的喉舌传统进一步发扬光大，如何将新闻改革进一步推向深入，仍需要我们每一个新闻工作者做出新的尝试和努力。

第二节 新闻传播教育的发展变革

新闻传播教育的发展，很大程度上就是新闻传播学科的发展。而新闻传播学的历史相对年轻，19世纪与20世纪之交新闻学在德国和美国形成学科，20世纪40年代传播学在美国形成学科。新闻学在中国作为一门学科，以及中国新闻学教育的开端，通常以1918年10月北京大学新闻学研究会的成立作为标志；而1978年7月复旦大学新闻系的刊物《外国新闻事业资料》首次公开介绍传播学，通常被视为中国传播学研究的起点。新闻学形成学科之际，世界工业化国家的传媒业已经完成从政党报刊向商业报刊的转变。中国的新闻学研究起步较早，但是中国传媒业的发展主要处于政党报刊时期，因而从新闻与政治的角度研究新闻传播，自康梁维新派、资产阶级革命派到共产党，一脉相承，形成强大的政治（政党）新闻学的研究传统；五四新文化运动时期形成的学术新闻学的传统，除了在那个短暂的时期较为彰显外，基本处于附属地位。传播学自20世纪70年代末引入后，多次被批判为"要害是否定阶级斗争"。20世纪90年代初以后，传播学的研究获得了较快的发展。

二、最近几年新闻传播学科的发展

（一）新闻传播学界的研究、教学人员在最近数年内稳步完成了新老交替

改革开放四十年来，"文革"前从事新闻传播学研究、教学的人员陆续退休，八九十年代培养的新闻学博士、硕士陆续接替老一代人，成为高校各主要新闻院系和新闻传播学研究单位新的主体，新一批学科带头人已经走上岗位。老一代人在改革开放初期为新闻传播学研究、教学的重新恢复和建设付出了辛劳和智慧，奠定了现在学科发展的基础。新一代的视野更为开阔，知识结构较为合理，已经成为现在新一轮研究成果创作的主体。当然，新的问题也随之出现，由于市场经济的新环境，一些优秀的研究、教学人才流向更有经济利益或发展前途的领域，一些较重要的研究领域（或课题）仍然存在人员的新老接替问题。近年各高校普遍地建立新闻传播专业点，有一定质量的新闻传播学教师在这些新设立的专业点仍显缺乏，及时配套尚需时日。

（二）新闻学研究的重大进展

经过四十年的积累，中国新闻史的整体综合研究取得了学科内公认的完善的成果，这便是三卷本的《中国新闻事业通史》（方汉奇主编），1996 - 1999 年陆续出版，共计 3600 多页。中国新闻史的个案和时段研究也取得了一些质量较高的成果。世界新闻史的研究有所进展。马克思主义新闻传播思想的研究，20 世纪取得了较为完善的成果，已出版的数本专著，基本上完成了马克思主义发展的各个时期的新闻传播思想的研究。

世纪之交，各主要高校的新闻传播院系出版或重新出版了成套的新闻

传播学教材，这些教材注入了较新的材料和思想，基本适应了传媒发展的新形势和新世纪新闻教育的需要。21 世纪的到来还刺激了对百年新闻传播研究的回顾，出版了一些成套的历史性研究著作，其中一些水平较高（例如 2001 年出版的"20 世纪中国新闻学与传播学"丛书），这对于总结过去，继往开来，无疑是有意义的。

近年传媒科技迅速发展、传媒竞争的日趋激烈，新闻学较多地涉及应用性的选题，而基础理论的选题因得不到现行课题申报体制的支持和现行成果评估体系的保障，研究力量的投入较少且分散。但已发表的关于新闻学基本理论研究的论文，虽然不多，却显示出相对高的水平。

（三）传播学研究的重大进展

从 20 世纪 90 年代后期起，连续几年出版了数套传播学的译丛（数十本），对新闻传播学研究的新生代影响广泛。这些新翻译的传播学书籍，目前尚以较新的外国教材为主，还有一些与传播学相关的边缘性研究专著，例如大众文化、传媒形态、传播科技方面的；少量传播学经典著作的译本已有面市，成套的这类译著自 2003 年起陆续问世。与此同时，关于传播学的学术会议和交流增多，论文数量明显上升，质量也有所提高。除了及时跟进最新的研究成果外，亦开始讨论传播学的本土化问题，出版了一批这方面的论著。传播学研究方法的研究受到重视。传播学作为新闻传播学的学科基础课程的地位，在高校各新闻传播院系已经得到确立，有了一些得到学界认可的较稳定的教材，国人自己的研究性著作陆续出版。

传播学批判学派的研究也在这个时期开始形成气候，出现了这方面的学科带头人和一批论著，与批判学派相联系的符号学、舆论学也有所进展，使得传播学研究在经验主义、人文传统两大系统，以及保守、批判两大倾向之间，得到一种学术的平衡。

（四）新闻学与传播学的融合

传统的新闻学研究带有较强的实用性质，理论色彩较弱。传播学被引入新闻学界以后，经过最近二十多年的相互磨合，许多传播学的理论假设和研究方法（包括批判学派的）不知不觉地成为新闻理论研究的一部分，经验主义传播学的量化分析方法，已经无形中成为新闻学研究的普通方法之一，不再显得新鲜了。

新闻学研究很早就不再局限于传统的报学，自然包括广播电视、网络传播等各种传播媒体或形态，而且必须涉及大量的非新闻类的媒体传播的内容，以及广告研究、公共关系研究、媒体经营研究等。这种融合不仅是原来两个学科的融合，凡是与传媒活动相关的各个学科的研究成果，例如社会学、社会心理学、人类学、法学、当代文论、经济学等等，越来越多地被运用到新闻传播学的基础理论研究中。本来，传播现象贯穿于与人类相关的一切事物和活动中，各个学科都面临着从本学科角度出发的各自的传播问题。现在，尽管在学科管理上还有新闻学、传播学的区分，但在新闻传播学的学术活动中，一定要区分这两者倒是一件令人做难的事了。新闻学和传播学的融合已成定局。

三、新闻传播学近年讨论的重大问题分析

（一）传媒经济

多数传媒与原来政治经济一体化的党政机关经济上脱钩、管理上实行任命主要负责人的委托制，这一近年正在改进的体制，刺激了传媒经济研究的进展。于是，传媒资源配置不合理、条块分割和法规滞后三大"瓶颈"问题被提出，讨论中一个接一个新问题要求得到回答，例如明晰产权、跨地区跨传媒形态兼并、趋同竞争、传媒核心竞争力、制播分离、有效发行、

传媒消费、娱乐策划、受众市场细分或专业化、媒介资本融入的等等。新闻传播学学者不得不在较快的时间内涉猎传媒经营管理,一些经济学界人士也加入进来。问题的广度仍在扩展,但是深度不够,一部分"研究"仍带有总结经验的性质。

这个问题随着2003年传媒体制的再度调整,对相关课题的讨论逐渐有了深度。社会主义市场经济体制的深化和发展,给传统新闻学提出的问题已不再是单纯地围绕政治话题反复讲套话,而是开始关注实质内容,比如经营管理学的内涵,这对原有的学科结构是一种冲击,但从大趋势来看不失为一种进步,在转变的过程中还有可能出现一类现象,就是随着学科内涵逐步转向实用化,原本不太扎实的理论根基更显得空洞起来。除此以外,突出传媒市场领域的研究,探索传媒在社会领域应该如何发挥其舆论监督和舆论导向的作用,则是另一个亟待深入探讨的课题。

关于广告的研究,在经营策略方面,已有较多的研究成果,有些水平较高。现在这方面的研究被纳入新闻传播学的范畴,在高校新闻教育的专业中,学界对这种现象多少表示忧虑,担心传媒的文化特征被纯粹商业性质的内容淹没。

(二)传媒法治与职业道德

从20世纪90年代起,传媒在急剧扩张中与社会发生的矛盾冲突也增多了,呈不断上升趋势的"新闻官司"(传媒与社会的关系诉诸法律的事件的俗称)刺激了传媒与法的研究。由于许多问题处在意见很难统一的职业道德层面,讨论颇为热烈,涉及新闻侵权的各种情形、与传媒相关的著作权问题,以及隐性采访的合理性、"新闻策划"的理解、新闻损害、记者特许权、采访权的法律依据、传媒与司法的天然矛盾、有偿新闻(也称"受贿新闻")、隐匿权、更正与答辩权等等。部分法学家参与这方面的讨论,使得传统新闻学在法治意识方面得到强化，职业道德意识则正在提上日程。但是宏观的新闻法问题，由于意识形态的差异，目前的研究处在停滞状态。

社会普法的新背景，使得传统新闻学不再陷入"必须""应该""一定要"等词汇中，需要考虑以客观的、学术的话语认真讨论实际的活动界限，这种无形的进步正在促使传媒业摆脱某种"权力特权"，变成一种普通的社会职业。当然，这个进程还有很长的路要走。

（三）电视和网络

20世纪80年代中期以后，中国进入了电视时代，印刷传媒退居第二位。90年代中期以后，网络逐渐步入大城市的家庭。电视和网络的共同特点是声像传播，"读图时代"的特点与读字时代存在明显的差异，并对现实社会结构的变化产生影响。于是20世纪90年代以来声像传播的研究，其比重在新闻传播学研究中陡然上升。这种研究中，传播学（包括传播学批判学派）的一些理论假设得到较为普遍的运用。现在的问题在于，研究内容分散，总体深度不够。如果在这方面加紧培养学科带头人，在学科研究的宏观布局方面有所协调，鉴于这方面研究的经费充裕，可能会在不长的时间内吸引较多的人才，有望获得某一方面较为深化的研究成果。

（四）新闻理论研究

实行社会主义市场经济以来，现实性的具体问题越来越多地遮蔽了研究者的视线，新闻理论一度被忽略，研究相当零散。近年呈现"回归"的趋势，因为许多具体问题的研究只能建立在理论研究深化的基础上。于是，诸如新闻事实、新闻价值、客观性、新闻真实等等，面临新的环境，再次被提出讨论。传统的关于传媒性质任务的认识，在坚持党性原则的前提下，变得多样化了。传播学研究中一些较著名的假设，无形中为新闻理论的研究提供了新的角度和方法。对理论思维的回归，也借助了新闻传播学博士生和硕士生数量迅速扩大的外部原因。他们限于条件和经费，在抽象思维方面发展的较多；从另一个角度看，作为入门的研究人员，首先的训练也应该在这个领域。

四、新闻传播学在实践教学中存在的一些问题

（一）高校忽视新闻传播学的实践教学，教学效果不明显

高校对于新闻传播学专业实践教学的重要性认识不足。我国传统的新闻传播学专业重视理论知识的传授，认为掌握丰富的理论知识是提高新闻传播学人才素质的重要手段，忽视了实践教学的重要作用。目前我国很多高校的新闻传播学专业的教学模式依然很传统。在"重理论，轻实践"的观念的指引下，整个日常的教学安排，以教师课堂的理论传授为主，而新闻传播学的实践教学在整个教学计划中安排的课时也比较少。由于实践教学缺乏先进的教学案例进行参照，没有明确的规范可循，新闻传播学的实践教学本身具有很大的不稳定性和教学结果的不确定性，这使得高校新闻传播学的教学实践流于形式，不能达到预期的教学效果。

高校新闻传播学教师的实践教学经验不足。高校新闻传播学受传统教学观念的影响十分严重，很多高校培养出的毕业生理论知识十分丰富而实践能力有很大的不足。目前新闻传播学的教师大部分都是从优秀毕业生中选出的具有丰富理论知识的毕业生，从新闻工作一线下来的教师十分稀少。这些教师普遍缺乏丰富的媒介实践经验，对媒介中的实际工作情况不是十分了解，这使得高校新闻传播学的实践教学受到很大限制。

（二）传统媒体的新闻实践性教学较多，新媒体的实践性教学较少

近些年随着社会对新闻事业的重视，新闻媒体人才的需求在逐渐加大。为了满足社会对于人才的需求，很多高校新开设了新闻传播学专业。这些

高校缺乏新闻传播学的教学实践经验，有些师资力量比较薄弱，新闻传播学教师的专业素质不是很高，教学资金的投入不高，教学设备的准备不足，这给新闻传播学的实践性教学带来了困难。

我国新媒体的发展十分迅速，在短短几年内具有超越了传统媒体成为新闻传播的主要方式的趋势，使我国迎来了新媒体时代。而以报刊为代表的传统媒体发展的时间比较长，我国高校新闻传播专业的教师的实践经验都来自于传统媒体，所以实践课程的开展主要是传统媒体的新闻实践，而新媒体的实践活动比较少。

五、新媒体时代新闻传播专业实践性教学改革

新闻媒体行业的发展趋势瞬息万变，高校关于新闻传播人才培养也应该具有前瞻性，准确地把握新闻业界的发展趋势，适时培养出与时俱进的高素质人才，充分发挥新闻传播学实用性的特点，与新媒体紧密地联系在一起，通过多渠道的教学实践，培养出目前社会需要的新媒体人才。

（一）实现新闻传播专业与新闻媒体的直接对接

高校的实践课堂为了取得很好的教学效果，不能仅靠教师在课堂进行单一的实践指导，还要通过各方面的途径与新闻媒体建立积极的联系。如建立实习基地，参与新闻的制作等。要充分调动高校新闻院系各个方面的关系，将新闻专业的实践课堂前移，让学生直接参与到新闻部门工作人员的日常工作中去，使学生更加直观地了解新闻工作者的日常工作情况，了解新闻行业最前沿的动态，在实践中学到新的技能。

（二）在校内开展新闻实践活动

由于高校与校外媒体建立联系的数量有限，学生实习和锻炼的机会也很少，这给在校新闻传播系的大学生的实践活动带来了很多困难。教

师除了积极与校外媒体建立联系，为学生争取参与实践活动的机会外，还要积极地调动校内的资源，开展校内的新闻实践活动。目前高校校内的新闻媒体主要有：广播站、报社、电视台、校内网站等一些机构，这些校内的媒体机构是学生进行实践活动的主要途径，而很多学生并不了解参与到媒体机构中的渠道，这就需要教师积极与这些校内媒体的负责人积极沟通。

（三）利用新媒体手段进行新闻传播实践性教学

目前我国新媒体的发展十分迅速，我国正在进入新媒体时代，这就要求高校的管理者要准确把握时代的变化，结合新闻传播学的学科特点，将培养实践能力作为学校的教学重点。目前，我国很多高校为了适应时代的发展，积极进行实践性教学。

新媒体时代的大学生受到新媒体的影响比较大，在日常生活中与新媒体的接触比较频繁，大学生获得信息的渠道有很多种方式。教师要在新媒体的实践教学中引入网络、手机等手段，以这些新媒体为平台进行实践教学。在课外，教师也要通过微信、微博、论坛等平台与学生建立联系，与学生进行积极互动，帮助学生解决他们遇到的一些问题。

总之，新闻传播学本身具有实践性的特点，各个高校在改革过程中要摒弃传统的"重理论，轻实践"的观念，将培养学生的实践能力放在首要位置上。根据社会的需求，通过各种途径组织学生进行新闻实践活动，在实践中学习新技能，掌握新技术，锻炼学生的实践能力。

第三节　融媒时代的新闻传播教育

互联网时代的媒体融合是传媒领域中的一场重大而深刻的变革，是一场面向未来传播的颠覆式创新。这不仅体现在信息技术的演进和媒体形态的变化，不仅体现在传媒产业发展和传媒格局调整，还体现在信息传播范式变迁和现代传播体系的重建，更体现在一种融合文化正在生成。在这样的时代背景和现实语境下，新闻与信息交叉、技术与艺术交互、传播与文化交融，传媒人才培养理念有待更新，基于课程、教法等方面的局部调整和修补式改革，对新型传媒人才的培养显得力不从心，需要从"范式转变"的高度推进传媒人才培养模式创新。

一、融媒时代高校新闻教育理念的更新

新闻传播学由于自身独有的时新性，对从业者的能力不断提出着更高的要求。这就意味着高校在传媒教育上必须紧跟时代潮流，把当下最新的传媒技术、传播理念和传播内容介绍给学生，并引导、帮助学生养成前瞻视角和多元思维。

二、融媒时代的新闻传播教育现状

如今，中国高校新闻传播教育界存在一些问题：职业理念等方面的教学内容欠缺；教学内容类似度严重；实践技术技能教学方面存在不足；与社会需求有脱节之处，本来应用性特色很强的新闻传播学科，却出现了

"关门办学"的现象，这是当今新闻传播教育界的缺憾，这也逼迫我们着力进行反省和破解。目前，传统媒体与新媒体的融合趋势已经成为业界和学界的共识，也改变了整个传媒生态环境，使得融合（Convergence）成为当今新闻传播业发展的一个重要趋势。

在美国佛罗里达州坦帕市（Tampa）"媒体综合集团"（MediaGeneral）的经典案例在真正意义上迈出了全球新闻传播界关于媒介融合的跨时代步伐。《纽约时报》《华盛顿邮报》和《华尔街日报》也很快跟进，从新闻编辑室向外播放新闻，让整天忙于本行的平面媒体记者尝试跨媒体运作；BBC的电视台网站，广播电台和电视文字广播等相互交叉工作；新加坡"新加坡报业控股"发动《联合早报》牵头另外两家集团的华文报纸负责制作电视新闻给开设华语和英语两个电视频道各一华语台的新的电视频道"优频道"。新闻工作者在同一工作室共享新闻资源，优化设计出最符合媒介介质特性的不同的新闻产品，这些信息彼此关联，相互交叉，深入浅出，满足不同层次受众的需求。在资源优化配置的前提下获得传播效果的最大化。

就学界而言，美国密苏里新闻学院于2005年9月新设首个媒介融合专业和实验室后，"把媒介融合的教育理念推广到了全球——帮助不少国家和地区的新闻学院，如俄罗斯莫斯科国立大学、中国汕头大学和南京大学建立媒介融合实验室。"南京大学金陵学院获批开设全国首个"媒体融合"专业（方向），取名"未来"的媒体融合实验室已建成投入教学，并于2007年秋季首次招生，至今已有几届毕业生。汕头大学长江新闻学院也在2007年启动"媒体融合（MediaConvergence，又称'汇流'）课程"，目标是培养出掌握融合媒体理论与实际操作技能，能胜任平面、摄影、广电、网络等多种媒体工作的综合型人才。当今"媒体融合课程"已初见成效，受过"融合"课程培养的学生掌握了文字、摄影、摄像、广电、网络等多方面的实践技能，具有较强的就业竞争力。

随着数字化传播技术发展迅捷及媒介融合的影响，新闻传播领域无论业界或学界都受到不少冲击。但目前我国媒体融合情况是"从传播内容、组织机构与人员等来看，融合时代并未到来"。如何去应对这个冲击？是新闻传播教育必须回答的问题。早在前几年就有人对媒体融合进行了研究，"面对全新的生存和发展环境，积极探索数字化转换的可能方式和路径，在不同层次上进行融合以期获得新的市场空间应该是一种明智的选择。"在新形势下，这种融合态势对新闻传播教育必须引领数字媒体传播的制高点，不断更新新闻传媒教育的内容，努力扩展新闻传播教育的本质属性与创新思维，为业界提供强有力的新闻传播理论支撑。

三、媒介形态的多样性对新闻传播教育的影响

MIT 媒体实验室主任尼葛洛庞蒂（N. Negroponte）在《数字化生存》（*Being Digital*）一书中提出了"数字化将决定我们的生存"的著名论断。"数字化是指信息（计算机）领域的数字技术向人类生活各个领域全面推进的过程，包括通信领域、大众传播领域内的传播技术手段以数字制式全面替代传统模拟制式的转变过程。"

如今，新技术不断涌现：单反相机、数字摄录机、数字录音笔、个人数字助理（PDA，Personal Digital Assistant）、电子书（eBook）、4G 手机、平板电脑等等。"传播的历史是越来越多的历史，"而且"新的形式往往是偏离或增加媒介大家族的品种，而不是巩固或替换旧的形式。"由于传输信息技术的发展，多种媒体形态如微博、微信、豆瓣、抖音等争先恐后不断涌现，给传媒业带来新的机遇和严峻挑战。一些传统报业媒体，不得不进行自身改革，纷纷引进新鲜血液，由此带动了中国数字报业的创新发展。

在媒介形态法多样化的背景下，通过专业课程设置的变革，进行新闻传播学课程体系建设，来培养专业化的新闻传播人才是十分重要的。在课

程改革的过程中，我们应该着重解决以下三个方面的问题：

解决新闻传播专业教育与媒体融合发展实际脱节的问题，解决通识教育目前尚未在新闻传播学本科教育中找到学科落脚点的教育战略问题，解决新闻传播学本科教育评价体系与其他学科的边界模糊问题。

一是在本专业课程的教学中，融入通识教学的思维。比如，在中国新闻事业史的教学过程中，增加传播技术史的描述；在舆论学教学中，增加传播技术对于舆论形成模式的教学；等等。使得新闻传播学教学在培养学生的人文精神的同时，培养学生的科学理性精神。

二是对学生的课程检测，加入相关的通识教育内容。比如增加对科技史、传播史的测试分量、增加对技术含量重的实践操作能力的测试。

三是适当增加实习实践课时，增加操作、应用性课程模块的分量，如视听新媒体传播、用户体验与分析、视频节目制作、网络舆情分析等。

四是创新对学生的教学效果检测方式。尝试让学生以小组形式完成一部微电影或微广告的创意策划、拍摄制作，或者新闻作品的独立采制等等，以培养其技术操作能力。

在课程改革的过程中，我们在传授理论知识的同时，也应该注重对学生实际操作能力的培养，只有这样，才能培养出新时代的专业技术人才。

四、"融媒时代"新闻传播教育的坚守与创新

"融媒运动"是趋势，不可逆转。但新闻人才的培养模式除了媒介融合带来的对"全媒体"技能的需要之外，自然应该培养"专家型"的新闻人才。"美国哥伦比亚大学新闻学院近几年来一直在进行培养'专家型'记者。"即，新闻传播教育具有自身的规则，如职业道德、敬业精神及采、写、编、评、摄等都是必须坚守的。这是新闻传播的专业主义问题。换言之，我们必须在重视"融合"的情况下，牢固构筑自己的学科特色、专业

特色和人才特色。新闻传播教育必须在坚守新闻传播教育"新闻专业主义"等自身的规律外，还要兼顾"媒介融合"问题，努力打造融合人才，下面提出几点看法。

（一）新闻教育理念的更新

新闻传播学由于自身独有的时新性，对从业者的能力不断提出着更高的要求。这就意味着高校在传媒教育上必须紧跟时代潮流，把当下最新的传媒技术、传播理念和传播内容介绍给学生，并引导、帮助学生养成前瞻视角和多元思维。

1. 课程从线上到线下的转变

值得注意的是，在我国众多开设新闻传播学专业的高校中，有相当一部分的学校存在着"纸上谈兵"的问题，课程设置仅限于讲授传统的史学和传统理论，而教师中率先使用新媒体的人数比例并不乐观。首先，教师有责任积极使用新媒体平台，通过微博、知乎、微信等平台积极与学生互动，培养学生的新媒体思维；其次，教师应该向同学们介绍新媒体的发展情况和运营方法，通过邀请业界大咖演讲等方式，让学生接触到最新理念；此外，在学科作业和考查方式上，可以将任务从传统的论文＋试卷中跳出来，采取运营公众号、设计 UI、新媒体数据调查等方法，培养学生成为符合时代和市场需要的前沿人才。

2. 角色从引导者到参与者的转变

对于发展较快、历史较短的新媒体时代而言，教师在扮演好引导者角色的同时，更应该和同学们共同参与探索，成为最新媒介的体验者和使用者。教师的理念应该发生转变，不应以"自身经验不足"为由，缩小新媒体及新闻实践的教学内容。目前，各个大学纷纷建立新媒体基地及实验室，采取"教师引导，共同合作"的形式，对日新月异的传播媒介进行有组织、规模、规划的探索。在这一形式中,教师的主要任务是把握好实践方向、提供相关经验,应身体力行对新媒体的未知领域进行研究和学习。

3. 方向上文理的转变

随着网络、新媒体及大数据的发展,新闻传播学科不再拘泥于传统的、隶属于文学领域的范畴,而逐渐开始依赖互联网技术、大数据算法等理工科思维。这就要求校方和教师从事努力:校方应转变思想观念,加强学校信息工程、互联网等专业与新闻传播的共同合作,通过建立学科实验室,从算法维度获取、分析最新数据和用户习惯及发展趋势。教师在课程设置上,更应该引进数据新闻的相关内容,在培养学生的综合能力同时,也有助于培养新闻学学生的逻辑思维和理性思考。

教育理念的转换并非一朝一夕的易事,它建立于教育者的阅历和眼界的不断更新提升,更要求学校能够有足够资金和能力进行教育理念改革。而从传统教学模式到新型教育观念的转变,更需要全体教育者的长期、共同努力。在暂时无法彻底进行全面的新媒体实践时,教育者应先着重引导学生们的创新力和好奇心,避免将学科培养成只需要背书写论文的低水平学科。开设新闻传播学类的相关学院应该积极申请资金和援助,大胆尝试,勇于创新。

(二) 强调职业精神与创新观念

高校新闻传播教育首先要强调职业精神与敬业精神。传媒业不同于其他生产业的重要方面就是传媒产品不仅具有经济效益更重要的是具有社会效益。高校只有培养出复合型的具有职业精神的新闻传播专业人才,才能适应新闻传播行业发展的新动态和新趋势,才能在社会主义市场经济建设中发挥重要的正能量的作用,这须具备两种精神:一是拥有良好的职业道德和强烈的社会责任感。这是新闻传播从业人员的职业底线。二是具备团队协作创新精神与沟通能力。创新精神和团队协作沟通能力是 21 世纪高质量人才的极其重要的内涵，针对新闻传播创新性应用型人才的新要求，高校新闻传播教育要重视培养学生的创新思维和协调沟通能力，提高全面人文素质，加强人文素质知识类课程的设置，做到"宽口径""厚基础"。这样，才能培养出适应社会主义市场经济文化需求的，具有实用性、复合性、创新性等为主要特色的新闻传播专业人才。

（二）完善跨媒体的课程体系

融合媒介后需要两类新型人才："懂得整合传播策划的高层次管理人才和能运用多种技术工具的全能型记者编辑。"就是"融合记者"的产生，"融媒记者"能写在不同终端发布的文字稿、能拍摄制作视频新闻。美国的一些著名新闻学院已经开设了"融合新闻"专业。不少报社、电视台也开始选拔自己的记者，试点培养融合媒体的记者，融合媒体的记者会采访，会写作，会出文字、照片和影像。

要打破根据媒体形态界限来设置的课程体系，可以采用"平台＋模块"的运行模式，包括：通识教育；学科大类教育平台；专业基础教育平台；专业模块四大块。"按媒介种类来设置的专业方向和课程体系已经不能适应媒介发展的现实需要。"必须要扩大学生的知识面与人文素养，世界上第一所新闻学院美国密苏里大学新闻学院本科阶段的学习十分注重人文科学通识教育。专业课要打破媒体界限，新闻学方向的学生在掌握基本的采写编评的方法后，还有懂得广电、网络、视频等新媒体方面的知识与技能。这样，融汇贯通，方能为"融合记者"打下基础。"'媒体融合型'教育教学的实质就是要突破按各媒体种类设置专业方向和课程体系的传统做法。"在教育方法上也应该作适当的改进。中国传统教育中存在的一个重要问题是老师与学生联动少，要改变课堂上以老师为主，学生为辅的现象，采用案例法、项目法、探究式等教学方法进行教学，目的就是调动学生的主动性和操作能力。

（三）促进评估体系的创新

要构建师生多元化创新评价体系，可以从学生和老师两个层面来考量问题。对新闻传播学老师的考评要构制全新的教学科研考评体系。如今，高校特别看重教师发表学术论文的数量，在核心期刊上发表一篇论文都有相当程度的物质奖励。然而，新闻传播学老师有其特殊性，应该鼓励老师与业界的新闻传播实践活动进行衔接，如果发表的新闻作品或摄影图片等成果得到业界认可，就应该被视同为学术论文，就应该得到奖励。从某种角度说，新闻传播学科的老师，在媒体上发表新闻作品、图片或视频，应比学术论文更有价值、更有现实意义。"教师带学生到媒体实践，应折合成与课堂教学相当的工作量；教师在实务教学时进行新闻策划，被媒体采纳、报道后反响良好的，应视为与科研同等重要的成果加以奖励；教师携学生在媒体开专栏，发表报道或评论效果良好的，应视为教学成果予以奖励。"如果这些问题，能得到教育、学校等有关部门的解决，那么，本学科老师的积极性就会发挥出来，这对具有实践性特点的新闻传播学科必将得到裨益，也终将促进新闻传播学科的发展，对新闻传播人才的培养带来益处。

改进学生毕业论文考核方式方法。可以用业界认可的调研报告、深度报道、通讯、广电影视作品、摄影作品、网络视频等来替代毕业论文。对新闻传播学生的考试模式也应该得到进一步的突破，那些调研报告、新闻作品、策划方案、获奖情况等都应该被列入全新考核体系之中。世界上著名的新闻传播学院对学生论文采取灵活方式进行，"哥伦比亚新闻学院的硕士生写一篇6000字以上的深度报道，或制作一个30分钟长的电视深度报道节目即可作为毕业论文，且不要求发表或播出，只需导师认可。"中国新闻专业的毕业生为何不可以呢？

（四）提升教师"实践"能力

师资队伍是教育教学过程中的重要资源。但是，国外高校的师资更注重教师的实践经历与能力，如美国密苏里大学新闻学院对所有专业实践课的老师必须有相关的从业经验，老师大多是媒体从业专才，名记名编。而国内的师资则"非博莫进"，看重的往往是学历，而不太重视实践经历。笔者认为，由于新闻传播学科具有应用性特色，引进师资一定要打破"非博莫进"的现象，要合理引进或聘任一些具有实践经验的人才，必须"稳步而大胆地吸纳业界精英"同时，"新闻专业的教师需要突破自己的专业局限，需要建立跨媒体、跨学科、跨文化的思维观，在这一前提下，调整自己的知识结构。"教师还要不断丰富和拓宽自己的知识结构，进行实践和业务培训，提高业务能力。当然，学校可以采取"请进来""走出去"的办法进行。

积极探索国际化办学模式。加强与国外高水平新闻学校或新闻传媒集团进行交流与合作，学习国外新闻学先进的办学理念与教学管理模式，开阔视野，着力培养学生的世界眼光，更有利于培养具有国际视野的新闻传播精英人才，以提高他们实际操作的业务水平，而丰富的实践经验以及对新闻的感悟则是这些业界人才的优势，这也是高校新闻传播人才所急需的。

当然，业界人才引进必须有相应政策配套保障：应有收入的稳定、职称评定等等配套举措。这些问题的解决就需要社会和学校各部门的大力推进，也应引起教育部门的关注。教育机构或高校应该"激励年轻教师到媒体，生动感知媒体运营的真谛和关键，即使从业界引进的人才三五年后也应重回媒体，确保始终站在媒介实务前沿。"这样，新闻传播人才的培养才能进入良性循环。

（五）培养跨学科新闻人才

专家学者们探讨"融合媒体"，更多谈论的是技术融合，而较少涉及其他方面的融合。要培养真正的专家型新闻传播人才，"就必须在跨院系跨专业的合作上动脑筋，在更高的层面上进行教育资源的配置和优化。"但是，这个问题更复杂、更困难。中国的新闻传播教育基本是单一的教育，学生从高中毕业后来到大学，二三年多的时间都在学习新闻传播学知识即"新闻学"专业课，而其他学科的知识则比较欠缺，如：经济、法律、体育、信息、材料、生物技术、海洋等等。这对应具备丰富知识结构的新闻传播学科的学生来说，要写好"经济""纳米材料"等之类的报道确实是勉为其难了。这一点，美国的新闻传播教育可以值得我们学习和借鉴。如美国著名的密苏里大学新闻学院，本科前两年主要都是夯实学生的人文学科基础，后几年才学习新闻专业知识，这样有利学生掌握较全面的人文学科知识。国内复旦大学新闻学院实施的"2＋2"模式可以说是对密苏里大学新闻学教育的借鉴而得到的启示。这种培养模式，就是本科第一、第二学年，学生可在经济学方向、社会学方向、汉语言文学方向、电子信息科学与技术方向中任选一个方向，并按上述4个方向的教学计划进行学习；第三、第四学年，按照新闻传播学各专业的培养方案学习。在4年中，掌握两门学科的本科专业知识。培养的学生成为"复合型人才""专家型记者"。

所以，笔者认为，中国四年制的本科新闻传播学人才是否可以这样进行培养：从大二下半学期或从大三年级的各学科学生中通过"考试""录取"一些有志于新闻传播学科的学生，经过1年至一年半的新闻实际操作训练,提高学生新闻学科所必需的新闻职业道德以及新闻专业知识培训,这些实训课程就应放在真实的媒体中进行,这样,实训完毕学生就自然投入到媒体或有关媒体的工作之中。这些学生毕业后就能"零距离"上岗,不必花费大量的时间进行岗前实训。

(六) 加强实训提高操作能力

除了理论课程教育外,新闻传播教育更应该注重实践教学,可以借鉴"密苏里方法"。在实践过程中,"新闻传播学科人"要时常提醒自己是"新闻人",要快速进入"角色",努力提高自我调适能力。多与传媒业界联合,多为学生搭建更广阔的让他们参与且能发挥实际作用的实训实习平台。在媒体融合时代,"对跨类别跨界限的人才有了更大的需求。"需要掌握熟练技巧的"多专多能"新闻传播人才。能进行实际操作自然是新闻传播学科人才培养的重要特色。要提高学生的操作能力,高校的校报、广播台、网络、电视等新闻宣传部门就是很好的实习基地。学校可以成立校园新闻中心,受校党委宣传部统一领导,各个部门应该互相融合,"新闻中心下设办公室、采访部、报网编辑部和广电编辑部四个业务部门。"以便合理高效地使用新闻素材,进而采用"一次采集,N 次使用"的原则,把收集来的材料,放入新闻元素数据库,各部门可以按需要进行加工与传播。这样,经过各种媒体形式的融合训练,让学生在实习过程中接触到报刊、广播、电视、网络、手机等媒体的各种风格,进而成为"多面手""全记者"。高校还可以与互联网传媒集团、报业集团、广电集团或企业进行合作,培养"订单式"的新闻传播类学生。学生们的作业与真实媒体连接投稿,就相当于学生在媒体实习。"新闻院校应引入与主流新闻机构和前沿科技企业携手共建的机制,让更多的新闻教学在仿真的媒体环境中进行,培养学生的实战能力。"新闻网站、报业集团、广电集团或企业自然成为学生实习实训的最好平台，这有利于学生记者深入理解媒体融合的理念，也为以后走上工作岗位，打下坚实的基础。

当下，媒介融合是年轻的研究领域，媒介融合课程体系的建设以及理论构架也较不完备。因此，要在不断学习国外新闻传播教育先进理念的同时不断努力改进并扎实做好各项工作。

第四章　融媒时代新闻采编人才培养

第一节　新闻采编概述

新闻采编工作是新闻制作过程中极为重要的一环。新闻采编的内容决定着新闻题材的广度，新闻内容的深度以及新闻作品质量的高低。融媒体时代，这些特性依然存在。本节将对融媒时代新闻采编的现状与特点等进行分析。

一、新闻采编发展现状

（一）融媒体时代新闻采编的变化

网络技术和信息技术的不断发展，促进了媒体行业进入了一个崭新的发展时代，媒体自身的形式和其发展形势都变得多种多样，在使媒体行业竞争变得越来越激烈的同时，也为媒体行业提供了更多的生存和发展空间。因此，新媒体时代对于媒体行业来说，是竞争与机遇并存，只要能够抓住机遇，获取更大的行业竞争优势，就能够促使自身在现有基础上更进一步，获得更好的发展。

与传统媒体相比，新媒体具有更强的时效性和智能性。在新闻信息含量上，由于信息技术的有效应用，新媒体更具有传统媒体不及的优势。同时，随着网络技术和信息技术的不断发展，这些优势还会不断扩大，尤其是手机智能客户端和网络互动平台的不断发展，更使新媒体快速增长，并逐渐呈现出取代传统媒体的发展趋势。

当前新媒体时代下，媒体发展面临更加复杂的环境，呈现出各种媒体激烈竞争、优胜劣汰、自由成长的态势，传统媒体受到强烈冲击。在此发展现状下，传统媒体一定要对自身的新闻采编策略进行适当调整，不断提升新闻采编效率和质量，不断提升自身的竞争优势，在新媒体时代下谋求更好发展。

（二）新闻采编内外部环境的变化

科技进步是社会各个行业快速发展的原动力，现代网络技术以及数字化技术的普及、应用则对新闻采编工作的内部环境以及外部环境产生了重大影响。该影响主要体现在两个方面，即采编信息内容更加芜杂、信息载体更加多样性。

首先是信息资源的芜杂，众所周知，随着时代的进步、科学技术的发展以及先进电子产品的普及、应用，新闻信息的传播主体范围不再仅仅局限于专业的新闻工作者，而是被无限扩大了。新闻信息的传播逐渐呈现出"去中心化"的态势，普通社会大众在作为各类新闻时事的目击者、亲身经历者的同时，更加热衷于加入到新闻时事传播者的大队伍中来，成为新闻传播队伍的重要组成部分。然而，普通社会大众作为非专业新闻传播者，其无论是知识结构、新闻素养，抑或是传播技能都有待进一步提高，普通社会大众加入到新闻传播队伍中来，在使得新闻资源极大丰富的同时却无法保证这些新闻资源的质量、真实性等。于是，新闻采编工作者的工作难度进一步加大，挑战也更加严峻了，这就对新闻采编人员的信息判断能力提出了更高的要求。

其次是信息载体的多样化，传统新闻采编主要以纸张以及影像作为新闻信息的载体，然而，随着高科技电子产品的普及应用，广大新闻受众更加倾向于使用手机、电脑等电子产品获取信息资源。相比较于纸质，这些设备的优点非常突出，它们可以使得受众无论何时、身处何地，都能非常方便、快捷地接收到最新的信息资源。此外，信息资源的表现形式也更加多样化，如文字、图像、视频、音频等，这些变化在方便信息受众的同时也使得新闻采编工作的难度进一步加大，新闻采编工作的复杂程度进一步提高。

二、融媒体环境下新闻采编的特点

（一）新闻传播主体的变化

随着科学技术的发展与普及，新闻传播主体发生了巨大的变化。在现代社会，新闻主体不再仅仅局限于专业的新闻记者，社会大众也积极参与到了新闻传播的热潮中来。手机、平板电脑等电子设备的方便性与快捷性使得任何使用者无论任何时候、身处何地，都能够随时发表个人的新闻观点，传播新闻时事。总而言之，在整个新闻行业中，社会大众成为重要的新闻主体，社会大众的积极参与以及其与专业新闻工作人员之间的交流、互动是媒介融合背景下新闻传播呈现出来的新特点，该特点的核心就是新闻主体的扩张性变化。传统新闻采编工作主要由专门的新闻媒体以及专门的新闻工作人员承担，现如今，社会大众的参与，越来越多自媒体从业者，都使得新闻采编工作的承担者范围大大扩展了。

首先，现代化设备的应用与普及使得社会大众能够及时、迅速地对发生在其周边的突发事件进行传播与报道。比如说，单反相机、手机以及电脑等先进的电子科技产品为人们进行新闻采集提供了极为便利的条件，在很大程度上打破了传统新闻采编在时间以及空间上的限制。

其次，越来越多的普通大众都深入到了新闻采编与报道领域。随着网络直播、新浪微博、抖音的发展与普及，其应用者越来越多，许多普通社会大众通过网络直播、微博、微信对一些新闻时事与报道进行讨论。不仅仅是我国的新闻界，甚至是一些国外的周刊都对普通社会大众传播报道的新闻时事的价值给予了高度肯定。由此可见，当今世界已不再只是伟人的足迹，而是社会大众共同谱写出来的世界。

最后，草根记者和一些自媒体的新闻作品质量有了很大的提高，甚至有超越专业记者的可能。在当代社会，人们不再认为记者是一个遥不可及的职业，网络以及先进的电子科技产品使得许多普通社会大众实现了记者梦，他们可以借助网络以及先进的电子通讯设备方便、快捷地为人们提供最新的新闻信息与图片。例如，一个国内非专业新闻工作者在其居住的地方目击了曼哈顿小飞机撞击大楼的整个过程，并将整个过程拍摄了下来，然后在第一时间将这些图片发给了国内的新闻机构。该拍摄者所拍照片得到了国内新闻机构的高度赞赏与肯定，其拍摄技术之精湛甚至超越了专业的新闻工作者，为新闻机构提供了宝贵的新闻资料，完成了一名专业新闻工作者应当承当的新闻采编任务。由此可见，媒体融合背景下，社会大众在新闻采编工作中发挥的作用越来越重要了。

（二）新闻业务流程的整合与重组

传统新闻业务的编制与报道往往以某一个媒体为依托，而媒体融合背景下的新闻业务则建立在数字网络基础之上，并对多种平台加以整合利用，最终在各个媒体之间实现信息的交流与共享。

与此同时，新闻采编的过程也发生了很大的变化，由传统的以媒体类型为依托转变为现在的以数字化技术基础上的多媒体为依托。新闻采集的渠道被大大拓宽了，新闻整合的方式也变得极为丰富，这些变化使得新闻报道的质量也大大提高了。

媒体融合背景下，新闻采编不再是独立进行，而是借助各种先进的科学技术以及各种媒介，对丰富的新闻资源进行全方位的整合、利用，并根据大众的需求，建立一体化框架。媒体融合背景下新闻资源极为丰富，各个媒体都可以以自己的报道方式将这些丰富的新闻资源传达到民众那里，从而全方位实现新闻信息的共享。媒体融合背景下各个媒体既面临着前所未有的发展机遇，同时也面临着巨大的挑战。科技的发达、时代的进步使得新闻资源实现了从多方面、多渠道进行挖掘，因此，任何一家媒体想要在激烈的竞争中脱颖而出，占据市场优势地位，不仅要获取原创性的独家新闻，更要掌握先进的技术手段，对这些原创性的新闻信息进行加工、处理，然后再将之传达给社会大众。媒体融合使得各个媒体之间能够相互合作、共同运转，并对新闻生产流程进行二次整合，从而实现资源共享。

媒体融合可以实现不同类型的媒体对同一新闻资源进行多样化的生产，然后再从不同的社会视角以及层次等级将之发布出去，满足不同社会群体的需求，从而更大程度地发挥新闻资源的价值。

（三）新闻报道模式的更新

传统新闻报道大都采用线性结构对新闻时事进行报道，而在媒体融合的新形势下，新闻报道的思路有了进一步的创新和突破，新闻工作者尝试从全局视角，对新闻时事进行全方位的报道，并且更加重视对新闻内涵的表达与传播。相比传统线性结构的新闻报道方式，新型新闻报道方式的特征主要体现为：全景化的报道视角、报道形式的全局化以及报道方法的多样化。所谓全景化的报道视角，指的就是将整个新闻报道过程置于场景叙述当中，并将与之相关的其他新闻时事融合到此次报道之中，从而对该问题进行深入的探究，使人们在了解到新闻事件的来龙去脉的同时也能够更加认识到此类社会问题的本质所在。

（四）新闻采编工作人员的积极应对措施

媒介融合背景下，新闻采编工作面临着前所未有的发展机遇，同时也面临着极大的挑战，作为专业新闻采编人员，不仅仅需要具备较强的信息资源发掘能力、敏锐的新闻价值判断能力，同时还要具备较强的新闻策划能力以及全面的采、写、编、摄、播等综合能力。只有这样，才能更好地适应媒体融合对新闻采编工作提出的更高的要求，更好地适应社会的发展。

首先，新闻采编人员应具备较强的信息价值判断能力。新闻采编和报道质量的高低在很大程度上取决于新闻采编人员新闻价值判断能力以及信息整合能力的高低。在媒介融合背景下，新闻采编工作人员应善于运用聚合性思维对芜杂的新闻资源进行筛选、分类、整合以及加工，最终加工提炼出高质量的新闻报道，然后再选择最合适的媒体，以最佳的报道方式传递给受众，从而达到最佳的新闻传播效果。除此之外，新闻采编工作人员在日常生活、工作中还应保持高度的敏锐感，把握好每一个具有新闻价值的信息资源。

其次，加强新闻采编人员的新闻策划能力是新闻报道质量得以提升的关键环节，媒体融合背景下，各类媒体之间的竞争重心已经由传统的资源竞争转变为现在的人才竞争，尤其是新闻采编人员信息资源发掘能力以及新闻专题策划能力的竞争。这是由于，随着信息资源的丰富性及其传播手段的便捷性，各类新闻媒体在信息资源的来源这一方面呈现出了"无差别化"趋势，如何进一步提高广大受众的关注热情，就要求新闻采编工作人员对信息资源进行深层次的挖掘，并给予受众正确的引导与解读，使其能够更好地接收到来自各个方面的信息，了解世界变化动态。总而言之，提高新闻编制工作人员的专题策划能力是各类新闻媒体在媒体融合背景下提高自身竞争优势的重大举措，同时也是其努力的方向。

最后，新闻采编工作人员还应进一步提高综合新闻采编业务技能。媒体融合使得各类媒体之间的业务界限被打破了，这就在无形中扩展了新闻采编人员的业务范围。因此，新闻采编工作人员要掌握全媒体业务技能，从而更好地适应新闻报道立体化的播报方式。

三、融媒体时代新闻采编策略分析

（一）融媒时代新闻采编的要点

融媒体背景下，信息传输不再局限于简单的感官交流以及单一的传播设备应用，而是更多的借助网络媒介进行信息传播。新闻采编工作存在两大要点。第一，网络信息具备较强的流动性，无论是接受还是发送都具备自由性。新闻信息采集过程中要注意网络信息的开放性特征，在网络平台上，信息的呈现与读者的阅读基本同步。网络平台中具有一些负面信息，在采集的过程中需要着重注意对信息的选择。新闻信息内容会因为信息性质的不同而产生不同的影响结果，需要针对网络信息进行尺度把控，从根本上立足于正向需求，对网络信息的格调进行检验，选择一些有助于社会正向发展的新闻内容。第二，网络信息是很多新闻资讯的来源，新闻内容选择具备一定的广泛性，在网络环境中，如何把控事情与人物的关系是采编人员需要明确的问题，对于新闻信息工作的具体落实有重要意义。新闻内容采集需要从一个特定角度积极进行深度探索，但不能受到特定范围的局限。因此，在这个过程中，需要在搜集及选择新闻素材的同时注重网络信息的取舍，这也是工作的一个要点以及难以把控的地方。

（二）融媒体时代下新闻内容的采集原则

1. 新闻内容必须真实可靠

真实是新闻的生命，这一点，无论传媒如何发展，技术如何进步，却不会改变。因此，融媒体时代的快节奏、宽范围内，新闻内容采集必须坚持真实性原则。从本源上来讲，新闻就是事实的体现，新闻更是呈现出多面性，事情的本来面貌是第一性，新闻是第二性。因此，新闻内容的呈现必须以事件真实作为基础和前提，原原本本地反映事情本身，条理化地阐释事情本源，这也是新闻制作最本真的原则。融媒体时代下，外部的影响因素不断增多，更需要以新闻内容的真实性为根本。

2. 新闻内容观点必须明确

新闻采编工作的实施需要立足于特定角度，明确新闻工作开展的思想性，必须做到观点明确。新闻工作的一个意义是通过新闻报道以及新闻影响，给社会大众一定的行为思想导向，让社会思潮形成一种正向统一。融媒体时代背景下，尤其是在社会发展过程中，难免会出现一些新问题以及矛盾，这些存在甚至刚刚出现的问题是否具备转变性或可塑性，需要新闻工作者进行有效的正向引导，尤其是针对一些普遍化的社会问题，必须从正向角度进行新闻内容采集以及新闻传播，引领社会导向，发挥新闻工作者应行使的责任和义务。

3. 新闻内容必须注重时效

时间就是生命，尤其是融媒体时代背景下，新闻传播十分迅速，时效性成为新闻生命力的保障，新闻工作者必须在事件发生之后，以最快的速度采集新闻素材，不能因为时间延误，让新闻成为旧闻。这也是新闻报道是否具备生命力的一大重要影响因素，需要新闻工作者积极做好准备工作，通过最快的新闻采集工作让新闻内容更加鲜活。

（三）融媒时代新闻采编对新闻内容的把关策略

1. 强化新闻内容的审核力度

融媒体时代的新闻内容信息容量越来越丰富，针对不同的媒介，必须强化对新闻内容的审核力度，做到不同媒体之间各自凸显特色，相互补充的同时更要扬长避短。具体从以下两方面落实。第一，必须以新闻内容为重点，在保证真实性及时效性的基础上确保新闻内容的多样性，避免新闻内容假大空现象，多方位进行新闻报道，对于一些原创新闻，需要从不同角度进行深入剖析，依据不同媒体特色，尽量体现新闻内容的独特性，最大化呈现新闻价值，杜绝雷同新闻存在。第二，要及时关注受众的用户体验，关注新闻内容价值的辨识，尤其是在网络时代，新闻传播的速度极快，必须杜绝虚而不实新闻内容的存在，避免产生不良的社会现象。

2. 提升新闻采编人员的综合素质

融媒体时代，新闻工作的开展也发生了很大变化，新闻采编人员是新闻工作的主体，需要强化对新闻采编人员的培养力度，提升业务能力的同时更要创新工作思维模式，采编工作人员要积累更多新闻专业知识储备，争取呈现出更生动真实的新闻内容，体现出新闻的灵性以及人文精神。新闻采编人员需要端正工作学习态度，坚守新闻工作者的职业道德，做到紧跟时代发展步伐，灵活应用现代媒体技术，促进新闻行业蓬勃发展。

3. 注重舆论导向，强化新闻内容价值的判断

当前，网络发展日益盛行，越来越成为人们工作以及生活的必备要素。尤其是伴随着信息传播平台越来越广泛，网络平台已经成为新闻的制造者以及信息的传播者的运作工具。比如，不同亲友之间在聊天过程中，聊到

时下的热点信息时会将这一新闻信息转发到自己的朋友圈或其他的社交媒介，不知不觉中就发挥了新闻的载体作用。所以，在融媒体时代，新闻内容会对受众产生直接影响，一些新闻质量低下甚至虚假新闻会触碰到社会道德底线，让社会舆论形成一边倒的情况，比较容易产生舆论偏差，甚至导致不良的社会问题，因此，需要注重用户体验，强化对新闻内容的价值判断，发挥良性的社会效用。

融媒体时代的到来是时代革新的一大体现，更是新闻行业发展的一大动力。新闻工作者必须立足于融媒体时代背景，积极发挥新闻采编的作用，严格把关新闻内容，确保新闻真实、权威、可读，促进新闻业发展再创新高。

第二节　新闻采编教育的发展变革

在我国，新闻采编与制作专业侧重于新闻的采编技能，但该专业最早是被称为新闻专业，与新闻学的相关专业课程相差无几。因此我们在研究新闻采编教育的相关发展可以从新闻学的发展中获取信息。

一、我国新闻教育的起步时期

20世纪年代初，是我国大学新闻教育的起步时期。20年代，上海、北京、厦门等地一些大学都开办了新闻学报学系科。在办学模式上，主要是仿照美国，以培养应用型人才为目标，以新闻专业知识与技能的教育训练为教学重点。1929年创建的复旦大学新闻系，在制订办学方案时，就是以美国密苏里大学新闻学院为蓝图的。它的培养目标是"养成本国报馆编辑人才与经营人才"，学制 4 年，设有专业课程 34 门，共 89 学分，其中业务知识课与操作技术、练习课程 17 门 41 学分，基本上占半数。另一半是论史知识课 8 门 19 学分，辅助知识课地理知识》《时事研究》等 9 门 29，学分。此外，还有《公共课国文》《英文》《军事教育》等 11 门 60 学分，选修课 12 学分。总计课程 45 门以上、161 学分。值得一提的是，课程中已经开设有《报馆组织与管理》《贩卖新闻学》《新闻广告图案》《杂志经营与编辑》等实际应用性较强的课程。

1935 年，《上海申报》函授学校出版了一套新闻学讲义，其中文史基础知识 3 讲，论史知识 4 讲，新闻业务知识与操作知识 7 讲，辅助知识 3 讲。重点显然也在实用知识与技能上，这也是仿美的。

在创立时期各新闻院系中，当时的燕京大学得到了世界上第一所新闻学院——美国密苏立大学的协助，吸收国外先进经验，成为这一时期的标杆院系之一。燕京大学新闻系创建于 1924 年，借鉴密苏里新闻学院的经验，提出了专才与通教育结合的办学理念，在其《本系学则》中指出"新闻学乃多方面之学科，与人生任何部分均有关系。因此，新闻人才，不但具有专门的知识与训练，对于各种学识皆宜有清晰之概念。所以本学系对于新闻的专门学识极为注重，而同时对于其他与新闻有特殊关系的学科亦为重视。"进而要求主修新闻专业的学生，副修一门与新闻有特殊关系的学科，如政治、经济、社会、历史等。在这一要求的基础上，设置了必修基础课、主修课、辅修课、选修课四类课程，并对每学期做了学分的规定。《本系学则》中还特别对新闻实践做了规定"本系课程理论与实习并重。实习共有三方面：一、本学系之刊物二、报纸杂志之投稿三、假期间及毕业后在报馆之实习"。

从创立时期新闻教育代表院系燕京大学新闻系的办学理念中不难看出，这一时期的新闻教育比较重实践、重业务、重实用知识和独立活动能力的培养。开设新闻系科的院校在课程设置上都侧重对新闻业务的传授和训练。多数的新闻院系都有供自己学生实习的报刊、通讯社。如燕大新闻系，在课程设置上，开设了很多实用性课程如速记、打字、排校、印刷等在实践方面，设有"燕京通讯社"、刊物《燕京新闻》。这个时期的新闻教师大都既从事新闻教学又投身新闻实践，都是"双师型"教师——既是老师，也是行业一线的能手。如邵飘萍是《京报》社长，又先后在北京大学、民国大学、平民大学、法政大学任教，教新闻学的戈公振先后在上海《时报》《图画时报》《申报》任职、同时也先后在上海国民大学、南方大学、大夏大学和复旦大学兼任新闻系教授。即使是专职从事新闻教育工作的教师，也都曾有丰富的新闻实践经验，他们在教学中直接传授自己的办报经验。

在 20 世纪 20 - 40 年代的 30 年中，我国大学新闻教育基本上按照上述思路确定培养目标与设计课程体系的。其中，20 世纪 40 年代，中国共产党领导的解放区，在延安、华中、东北办了短期的新闻班和新闻专科学校，教学重点是政治课与时事政策课，同时也学习业务知识。这是适应革命形势发展的需要，快速培训应用人才。

二、我国新闻教学的初步发展时期

自 1928 年南京国民政府成立到 1949 年新中国成立前，中国新闻教育实现了初步发展。全国新增 49 个新闻教育机构，包括目前所知的中国最早的专业新闻学校——中国新闻学校，由谢英伯于 1928 年秋在广州创办的中国新闻学院改名而来。顾执中等 6 人创办上海民治新专，成舍我创办世界新闻专科学院，复旦大学新闻系成立均在这一时期。

创立时期的中国新闻教育受美国影响很大，例如燕京大学由美国教师主持、主讲，圣约翰大学（上海教会大学）则是由美国教会创办。经过不断地摸索，中国新闻教育在发展阶段终于确定了一种适合自己的模式，即以培养应用型人才为目的，以新闻知识与技能的教育训练为教学重点。这种模式在培养目标、教学内容、教学环节中都有所反映。首先是培养目标上，1929 年成立的复旦大学新闻系的培养目标是"养成本国报馆编辑人才与经营人才"。1933 年，北平新闻专科学校的办学目的是"改进中国新闻事业，及训练手脑并用之新闻人才"。其次是教学内容上，各个系科的课程设置中操作性的课程在专业课程中占较大比例。例如，复旦大学新闻系，共开设专业课 34 门，其中操作层面的课程有新闻采访、评论写作、通讯练习、速记法、新闻编辑等 17 门，占专业类课程的 50%。再次是教学环节上，各个教学机构注重实践，重视学生动手能力的培养，安排较多时间和通过各种方式使学生在就读期间获得机会接触和参与新闻实践。仍以复旦大学为例，该校新闻专业学制四年。一二年级的学生主要学习基础知识课，结合课程的学习，学校安排学生到报社参观三四年级的学生注重专门知识与写作技术课，课堂学习时间减少，除去报社实习外，在校要参加校刊《复旦五日刊》的采编工作。1931 年还成立"复新通讯社"，作为新闻系学生的实习机构。

初步发展时期的新闻教育在实践性教学方面已经积累了一定的经验，很多方面像自办媒体、社会媒体实践等，现在仍能借鉴学习。

三、我国新闻教学的迅速发展时期

20 世纪 50 年代，是中华人民共和国成立初期。由于当时的教师数量严重不足，教育普及难度很大，学校教育质量尚存问题。根据当时的国情和社会的需要，对于新闻系科教学计划进行了调整，1952 年起借鉴苏联的经验，制订了新的教学计划，重新确定的培养目标是"培养有巩固基础与发展前途的新闻文字工作者"。1954 年，更加具体化为"培养新闻工作干部，即从事报纸、通讯社与广播电台的文字工作人才"。这种对培养目标的提法，反映了当时我国新闻工作的单一性，即以文字宣传报道为主，在经营管理、图像新闻等方面不必强调培养专门人才。在"反右派""大跃进"之后，关于培养目标的表述加重了政治色彩，但核心仍是新闻工作者。

在课程体系方面，相应地削去了经营管理、广告等课程，新开了《报纸的群众工作》等课程，后又将《新闻学概念》《新闻编辑》《报纸的群众工作》合并为一门大而无当的《新闻工作理论与实践》课。而最重要的变化是，把理论放在首要地位在所有课程中，政治理论居首位在新闻专业课程中，新闻理论居首位在理论教学和实践教学实验、实习中。总之，理论教学居首位。这种状况，在 20 世纪 50 年代中期"学苏联"高潮时尤为明显。

20 世纪 60 年代初期国民经济进行调整大环境较为宽松学习气氛日趋活跃学理论学政策学文史谈古说今。在新闻教育培养目标的表述中加上"新闻教学与研究人员"一句。在课程体系中理论与政策课程、文史知识课程的分量加重复旦新闻系出现了"两典一笔"的说法。两典指马列经典著作和古典文学著作，一笔指写作一支笔。这几年学生认真读书理论功底更扎实了、文史知识更丰富了、政策观念也加强了。然而从 1963 年下半年起师生下乡下厂课堂教学断断续续伏案读书的气氛由此中断。

四、我国新闻教育停滞发展时期

特殊年代的 10 年，原来的培养目标和课程体系被否定，强调学员要成为"普通劳动者"，制定以社会为课堂，以培养普通劳动者的教学目标，"结合实践进行教学"。稳定的教学秩序，系统的学习，乃至课堂讲授，都被斥为"修正主义"。虽然当时招收工农兵学员，但要求他们在大学"上、管、改"，虽然也设置了一些课程，但不成体系，而且说变就变，谁也无法预计教学效果。

五、我国新闻教育繁荣时期

粉碎"四人帮"后，党的十一届三中全会打开了人们的思路，80年代开始的改革开放，90年代初开始的建立社会主义市场经济体制，使中国的整个社会发生巨变，新闻教育也进入了空前的繁荣时期。对于新闻人才，不仅社会需求量大，而且需求呈现多样化，除了通用型的编辑、记者外，在对外报道、广播电视、经营管理、广告、公共关系等方面也需要专业人才。因此，开办新闻专业的大学迅速增多，新闻教育的培养目标逐步拓宽，课程体系在充实和更新。开设了一批新课，如《大众传播学》《广告学》等。原有课程的内容也有变动，如《新闻编辑》增添了激光照排的内容加强了新知识、新技术市场营销、计算机等和外语课程的教学。

党的十一届三中全会以后，新中国迎来全新的局面，全国上下各项事业得到全面复苏，各原有新闻专业的院校开始恢复招生。同时，北京国际政治学院、四川大学、河北大学等院校新增新闻系或新闻专业，其中更有中国社会科学院研究生院新闻系开设并招收研究生，复旦大学和中国人民大学也于1978年开始招收研究生，新闻教育办学层次增多。

随着改革开放和市场经济体制的逐步建立，在服务于社会、服务于经济建设和自身适应市场经济发展的双重任务下，新闻事业快速发展，新闻行业对人才的需求也随之加大，大量院校纷纷开设新闻专业，全国高校出现了一股新闻类专业热。

新闻教育的快速发展带来了一系列的包括经费设备短缺、师资缺乏、实习机会少、实践性教学管理困难等问题，但是高校在新闻专业教育中，一直坚持推进实践性教学，也取得了不少的成绩。

尤其值得一提的是建立了一批条件优良的实验中心。新闻专业要保证校内实践的实现，必须建立较为完善的实验室。近几年，许多高校借助教学水平评估的以评促建，学校新闻专业建立和完善了实验室，有的还建立了综合的实验中心。比如中国人民大学新闻学院实验用房使用面积在 1500 平方米，设备 1300 多件，设备总值约 3300 万元。包括暗室、灯光室、数字图像编辑机房、平面设计苹果机房、多媒体制作机房、非线性编辑机房、数字媒体实验室、仿真电视演播厅、传播效果研究实验室等 9 个专业实验室。

在校外实习基地建设中，也取得了一定的成效。大多院系都因地制宜，根据各自的优势在省内外建立了一些相对稳定的实习基地。像中国人大、复旦大学等国内一流的新闻专业，一般都在新华社、人民日报等中央媒体建立了自己稳固的实习基地。省级新闻院系，一般发挥各自优势在省级媒体或一些知名媒体建立了自己的实习基地，部分解决了实习难问题。

实践教材有利于促进实践性教学系统化、规范化，但实践教材的编写却一直是实践性教学中的薄弱环节。近年来，这方面也逐步引起了专家学者的重视，北京吉利大学新闻传播学院教师田志友、王薇薇在实际授课的基础上编写了新闻综合实践教材《采写编实训教程》，复旦大学新闻学院教授、新闻系副主任周胜林结合近五十年的教学实践经验主编了《新闻采访实用实训教程》。这些教材紧密结合实践环节，理论与实践指导在篇幅上的比重得当，对实践教学是一大促进。

另外实践性教学在方法上也不断创新，改变传统的理论与实践教学衔接不够的做法，将实践引进课堂，融入理论学习中，更有像清华大学的李希光教授的"大篷车"课堂，将理论教学完全揉入真实新闻环境中，在实践指导中完成理论知识的潜移默化。

第三节　融媒时代新闻采编人才素质要求

随着我国经济的快速发展，信息技术发展迅速，公众对于了解社会新闻的需求越来越强烈，公众期望借助新闻内容了解社会、生活以及周边环境的一些变化，这就使得新闻必须更加接近生活，准确、及时地反映社会最新、最近的变化。新闻的本质是把最近发生的，以及最具代表性的事情尽快报道出来，其中包含新、准、快三个传播因素。由于新闻的特质，要求从事新闻采编的人员需要有更专业的素养。

一、新闻采编人员所必备的专业素质分析

新闻采编人员需要具备的基本素质有四项，这四项基本素质分别是：完备的政治素养、较高的新闻敏感度、较高的职业道德，以及较强的专业素养。这些基本素质极大地影响了新闻采编工作者的工作效率和工作效果。

（一）完备的政治素养

在我国，党性原则是新闻工作的第一原则。要做好新闻采编工作，拥有较高的政治觉悟以及坚定的政治立场是首要的要求。新闻工作者需要积极地发挥喉舌作用，积极宣传党和国家的方针、政策。同时，作为一个新闻采编人员，应该每时每刻把国家的利益以及公众的需求放在首位，做好正确的舆论引导。新闻工作者要提高思想政治理论素质、知识素质和新闻业务素质，这是新时期一名合格新闻工作者必备的基本素质。

理论的正确性与坚定性，是提高思想政治素质和业务素质的基础。历

史经验反复证明，以正确的理论指导新闻工作至关重要。什么时候思想政治素养过硬，方向明确，旗帜鲜明，什么时候新闻事业就会蓬勃发展；什么时候思想政治出错，方向不明，立场不坚，什么时候新闻事业就会出偏差、走弯路。这些经验教训非常深刻。因此，学好理论，打好思想政治根基，是宣传工作的首要任务，新闻工作者必须走在前面。党的十九大指出，近年来，推动思想文化工作取得了历史性重大进展，开创了新的局面。党的理论创新成果更加深入人心，新闻舆论传播力影响力引导力公信力显著增强，社会主义核心价值观入法入规、广泛弘扬，文艺创作持续繁荣、加速由"高原"向"高峰"迈进的步伐，国家文化软实力大幅提升，为推动党和国家事业实现历史性变革做出了重要贡献。

目前，随着我国经济体制改革的不断发展，虽然思想文化方面取得了很大进步，但是新闻宣传工作仍然会面临诸多挑战，在新闻实践中会遇到许多新情况、新问题，特别是当我们在具体工作中对基本理论似懂非懂，对全局情况的把握和了解若明若暗，在众说纷纭、小道消息盛行的时候，更应该用中央精神把构建和谐社会的思想统一到实际工作中，使人们感到思路开阔，境界高远，精神振奋，干劲十足；否则，就会犹豫彷徨，无所适从，错失良机，一事无成，甚至于走向不和谐的反面，出现严重的政治错误。这必须引起我们的高度警惕，时时刻刻不能放松政治理论这根弦。

（二）高度的新闻敏感

新闻敏感度指的是采编人员在海量的信息面前对新闻信息的快速选取以及对新闻信息内容真伪及其价值的判断能力。新闻敏感度是专业的采编人员所必备的一种职业素养，新闻采编要求时效性，这就需要新闻采编人员具备较高的新闻敏感度和专业眼光，可以敏锐地抓住社会事件、现象中的本质。唯有对周围的事物有非常深的观察力，才能借助自身的新闻思维发现事物的价值所在，从而形成具有专业性的新闻报道。当然，新闻采编人员所具备的新闻敏感性也体现在判定事件性质方面，而且这种判定是鉴别新闻价值的核心。

在融媒体时代，采编人员的新闻敏感度提升有着十分重大的意义。首先，新闻敏感是新闻采编人员热情工作的催化剂。热情和兴趣可以说是维持一项工作高质量、高标准完成的重要支撑动力，对于记者的工作更是如此。新闻记者的工作可能比平常人想象的更为艰苦，经常不分昼夜、不分时间地就要奔赴事故的第一现场去采集新闻信息，这样强度的工作量使许多新闻记者很可能会出现烦躁心理，而这就需要新闻记者用良好的职业素养以及对于工作的热忱去维持工作的质量与效率。新闻敏感度的提升是其中一个重要的品质，它能使记者在枯燥的日常生活中激发记者的灵感与创新意识。

其次，新闻敏感是新闻采编人员高效工作的助燃剂。融媒体时代下，采编人员整日需要面对大量的新闻信息，在海量的信息面前，需要采编人员对选取的新闻信息进行报道内容、角度的甄选，怎样选择贴合受众心理，让他们喜爱的同时又能够准确传递其蕴含价值的新闻信息，是每一位新闻记者的价值追求。而新闻敏感度是融媒体时代下提高新闻采编人员工作效率的助燃剂，建立在一定知识基础上的新闻敏感度有助于采编人员在纷繁复杂的新闻信息面前做出快速、准确的选择。

最后，新闻敏感是采编人员正确挑选新闻信息的基础。新闻敏感度不仅是新闻采编人员高效工作的助燃剂，还是采编人员在海量信息面前正确挑选新闻信息的基础。有些新闻信息看似微不足道，但其中蕴含着重要的价值信息，一经挖掘对受众起着重要的教化作用。而这些信息的选择、挖掘就需要新闻采编人员有一双具有新闻敏感度的慧眼，能够利用自己独具特色的思维去发现、挖掘新闻中蕴含的信息。例如，临近春节，各地媒体都会有这样的文章标题"在＊＊＊过春节，这些路段易拥堵事故多发请留意！"这种看似平常的日常生活内容，一经采编人员挖掘便可以一种暖心的方式方便民众出行。

（三）较高的职业道德

随着新媒体传播技术的迅猛发展，新媒体从新闻来源、新闻加工、新闻发布、新闻接收、反馈等方面对新闻生产流通的各个环节产生着深刻的影响。在新媒体浪潮的冲击下，传统媒体和新媒体的合作愈加紧密，新闻传播的速度更快、传播内容更多样，但是虚假新闻、低俗新闻、新闻炒作也时常出现在新闻媒体中，这损害了新闻媒体的公信力，也给公众的生活带来极大的困扰。新闻工作者是信息的传播者，肩负着社会瞭望者和舆论引导者的使命，在新媒体背景下，如何强化新闻工作者的职业道德建设是摆在我们面前一个迫切需要解决的问题。

新闻职业道德是新闻媒体及其从业者在新闻传播活动中应该遵循的道德准则与行为规范的总和，也是社会道德在新闻传播领域的体现。新闻从业者在其职业活动中所表现出来的关于新闻传播的一系列职业观念、职业态度、职业情感、职业作风等道德现象，正是新闻职业精神的一种外在表现。新媒体背景之下，新闻工作者不但需要在认知上坚守新闻职业道德，而且在实际工作中要继承新闻工作的优良传统，自觉维护新闻工作者的良好形象。

随着社会环境不断变得商业化以及复杂化，新闻采编人员的工作环境也随之变得越加复杂。新闻采编工作人员必须具备较好的专业素质并且能够坚守职业底线，还要具备职业道德。新闻采编始终要保持理性以及清楚的新闻认知，拒绝外界的利益诱惑，同时还要勇敢地面对社会不良风气的威胁，尊重以及保障公众的知情权。新闻采编人员良好的职业素质不仅可以令其获得社会公众的尊重，而且也是净化新闻环境的重要保障。

（四）较强的专业素养

要保证新闻采编工作的时效性以及工作效率，新闻采编人员需要锻炼自身的业务素养。新闻采编工作作为一项综合性非常强的工作，不仅要求新闻采编人员具备专业的采写、编辑能力，同时还需要新闻采编人员具备一定的法律、心理学以及社会学等方面的知识。新媒体时代对新闻采编人员提出了更高的要求，要能熟练掌握运用新媒体技术，具备对随时出现的新技术的超强的学习能力。只有优良的专业素养、较高的人文素养和超强的学习能力相结合，才可能磨炼出新闻采编人员高超的业务能力，从而适应日新月异的新闻采编需求。

二、融媒环境下新闻采编人员还应具备的其他素养

（一）业务综合能力

媒介融合环境的形成在促进传统新闻信息传播模式发生全面改变的同时，也使得以往媒体的独立运营模式受到较大的挑战，这对于新闻采编人员来讲需要其具有较强的综合业务分析能力。其中，新闻采编人员在对当地所有新媒体与媒体特点具有全面了解的基础上，充分掌握传统新闻传播技能，学习各种全新的媒体技术，不断提高自身的媒体技术运用能力，使得新闻可以通过多元化模式进行传播。与此同时，采编人员在掌握采编、剪辑、摄像以及播报等综合业务能力的同时，还需要了解一些录制工作。采编人员还需要熟练运用传输设备，提高自身对于图片、视频以及文本等的处理加工能力。

（二）新闻信息捕捉及新闻数据分析运用

随着新媒体融合环境的形成，新闻媒体在实际播报期间，其播报模式

逐渐向着全时性播报模式转变，只有较丰富的新闻信息资源才可真正满足新闻实际播报的需求。所以，在新闻信息规模化与海量化的影响下，新闻采编人员对于与信息需要具有更好的捕捉能力与发掘能力，可在较为丰富的新闻信息中对具有较高价值的新闻进行发掘与播报。其中，新闻采编人员应了解丰富的信息传播途径，通过 QQ、微信以及微博等信息传播平台及时收集信息。另外，还需要对所有媒体资源共享技术进行全面掌握，充分满足电视观众、广播听众以及手机用户等的新闻需求。

在大数据时代，每天的新闻信息数据数以亿计，怎么从中发掘好新闻，需要掌握对新闻大数据的抓取、分析能力，最终实现对目标用户的精准推送，实现最佳传播效果。

(三) 新闻信息策划

在媒介融合逐渐完善的背景下，所有媒体之间的竞争程度逐渐提升，这对新闻采编人员的新闻信息策划也提出了更高的要求与标准。在新闻信息资源规模化与新闻信息传播模式多样性等因素影响下，各媒体对于新闻信息的掌握与理解都有较大的不同与差距。为了促进新闻信息价值的提升，提高广大受众的关注度，新闻信息采编人员应对所有信息资源的价值进行良好分析，对信息价值进行全面发掘与利用，为受众提供更高价值的新闻。与此同时，新闻对人们而言还应该具有较强的引导性，使受众在了解新闻的过程中，传递社会正能量。

在互联网技术与新媒体技术的作用下，媒介融合环境逐渐形成，这对新闻信息采编人员职业素养提出了更高的要求。因此，新闻采编人员需要不断强化业务综合能力、提升新闻信息捕捉能力、提高新闻信息策划能力，促进新闻媒体行业快速发展。

第四节　融媒时代采编人才的培养

一、融媒时代人才培养中需注意的问题

（一）融媒体采编人才应"全能"

融媒体是各种传播媒体的融合，因此，采编人才应该是熟练运用笔记本、相机、摄影机、移动终端等采集传播工具，即所谓的具备采、写、摄、录、编、播等各种技能的"全才"。那么，真的能有必要培养出"全才"吗？这是肯定的，即通过培养、培训能够提高采编人员综合素质，使新闻采编人员具有"全能思维"，这样才可以在新闻现场从全局出发，创造出质量更高，适合新媒体传播的新闻作品。当然，这里说的"全"，不一定要样样精通，样样都做到那个方面的专家，但是一定要用全能思维指导实践，成为一专多能的通才。

（二）融媒时代的采编人才培养应更重"质"

目前，很多传统媒体对采编人员全媒体培训，重在培训人员数量及培训项目数量，如各种传播介质、传播平台的功能及使用等。注重片面培训，不注重根据不同工种或个人进行针对性的强化训练。另一方面，培养必须打破传统思维模式，不再完全以抢新闻、抢信息为目的去采访报道新闻。因为随着自媒体运用的普及，"公民记者"应运而生，普通市民通过微信、微博、网络群聊、音频视频上传等方式，随时随地都能发布新闻信息。所谓抢新闻，不能再是几个媒体之间的自娱自乐，而是根据第一时间发现的

新闻信息，做专业、深入的调查核实；做有高度、有深度、有态度、有温度的舆论引导。也就是说，我们需要培养"专家型"、"意见领袖型"记者，抓住舆论的制高点，同时适应受众细分、媒介小众化的传播形势。

二、融媒时代采编人才培养的几点思考

（一）融媒时代采编人才的培养重在思维的转变

在互联网时代，受众对传播方式、用户体验、交流互动、信息及时性、新闻资讯分类以及新闻后续追踪等需求有了全方位的提升。传统媒体转型与采编人才培养，已不单单是寻找融媒体渠道、学习融媒体技能，而是必须将传统媒体思维转变为融媒体思维。

什么是传统媒体的传播思维？"无冕之王"就是最好的体现。通过议程设置和单方的传播途径，取得和受众事实上的不平等地位。用宣传、灌输式的引导，强行让受众接受信息传播。这些都是新媒体时代受众所不能接受，甚至是厌恶的。因此，"全媒体"采编人才培养，必须完成"从身体、技能到大脑"的全面升级。要让采编人员摒弃"我为读者报道什么新闻"的思想，要做"公民记者"、"公民编辑"，以平等心态去报道事件、发表意见、服务受众。以自己的专业知识，阅历和对事件的探求、报道，在双向互动的传播模式中，去发挥舆论引导，做"意见领袖"，这也是传统媒体维持公信力，提升舆论引导力的有效途径。

（二）注重技能培训

注重对学生进行"全媒体"技能培训，熟悉新媒体时期各种媒介的传播方式，各种传播设备，以及各种互联网平台的功能与使用等都是很有必要的，这些都是为培养全媒体报道人才打下好的基础。一个报道团队，团队成员熟悉彼此岗位职责及工作内容和方式，能够在采访报道时，从队友

角度出发思考问题，增加配合的默契。

此外笔者认为融媒体采编人员的培训培养，需注重团队精神素质的培养，教学或实践、实训中可以以 5~6 人的小组为常态单位，其中包括文字、摄影摄像、现场主持及后方的编辑、制作人员，报道小组内部有专业明确的岗位分工，但必要时成员之间可相互替补，通过这样的方式培养学生的团队意识和团队工作状态。

（三）采编人员培养要注重"差异化专才"

目前，传统媒体之间同质化的竞争日趋严重。同一个新闻信息往往引发多个平面媒体以及电视、网络媒体前往报道，正是这种同质化的报道，增大了传统媒体的成本，也让受众对传统媒体的报道失去了兴趣。融媒体的转型发展时期，传统媒体要避免再次进入同质化竞争，要采取"分众化"策略，结合媒体本身的特点，找准用户新的需求，进行"差异化"的市场定位。

"差异化"的发展路径，就要求高校在"融媒体"采编人才培养时，注重培养在某领域具备核心专长的记者、编辑，为其成为这个领域当之无愧的"意见领袖"打好基础。同时，可以指导学生在就业过程中围绕自身专长搭建平台，打造品牌栏目，开展"个性化、精品化"的受众服务。这样才能在不断细化的受众群体中，占得一席之地，不被市场淘汰。

第五章　融媒时代播音主持专业人才培养

第一节　播音主持艺术概述

播音学是一门独立的学科。播音主持是一项创造性的活动。自广播电台、电视台开播之日起，播音便作为一个重要环节发挥着它不可替代的作用。近年来，随着我国经济社会和传播技术的发展，我国广播电视事业和互联网传媒事业发展迅速。播音主持作为广播电视和互联网传播中的关键一环，也随之发展、繁荣，并经历着变化。融媒体时代，传播形态的多样化和丰富性，对播音主持提出了新的要求。在"人人皆可为媒体，人人皆可为主播"的时代，研究播音主持艺术及其发展具有十分重要的现实意义。

一、播音的概念

播音这一概念从广义上讲，是"指电台、电视台等传播媒介所进行的一切有声语言和副语言传播信息的活动（它包括各种声音、音响、音乐、语言、文字、图像等的传播）。从狭义上讲即"播音员和节目主持人运用有声语言和副语言，通过广播、电视传媒所进行的传播信息的创造性的活动"。

播音是运用有声语言进行艺术创作的活动。它不仅仅是依据稿件来进行有声语言再创造，还包括"无稿播音"的各种话语艺术。从口头语体来分类，可以分出朗读语体、演讲语体和谈话语体等。有声语言存在三个基本要素——语音，词汇和语法。对这些要素进行不同程度的艺术加工，使之语音清晰规范，用词形象生动，表达明白晓畅等，就成为有声语言艺术。

（一）语言清晰规范

播音是一种媒体语言，而媒体又是面向大众的。大众传媒本身要求信息有较高的清晰度、可懂度和可感度，同时由于它对社会的影响广泛，因此必须承担相应的社会责任。广播电视工作者应该模范地贯彻推广普通话的方针政策，成为语言文字规范化的宣传者和实践者。在人们的心目中，广播电台、电视台播音员、主持人的语言就是标准语言，许多模棱两可的读音问题，在实践中往往以他们的语言为榜样。所以，播音员、主持人必须不断锤炼自己的有声语言，使自己的播音语言准确、清晰、圆润和富于变化。

（二）选词生动形象

有稿件的播音可以不需要考虑选词用句的问题，但是没有稿件的播音就要求播音员能够出口成章。特别是主持人大多是在交流状态下使用有声语言的，更应该注意这方面的语言修养，要求选词用句准确、适度、得体、规范。既要尊重历史词语发展的一般规律，还要考虑约定俗成的社会习惯，恰当吸收并引用一些新的词汇。选词用句必须遵循以下三项原则。

第一，普遍性原则

广泛使用、普遍知晓是现代汉语采用新词汇，并加以规范的重要条件。

因为普通话词汇是以北方话为基础，首先就要考虑这些词汇在北方方言中是否普遍使用；有的古汉语词汇过去带有文言色彩，但沿用至今，已经家喻户晓，也可以通行。如"诞辰""百姓""拂晓""琢磨""推敲"等；另外，同一概念有多种语词形式，没有重复的必要，就可以选择一种来加以规范。选择的标准就是看哪一种使用的频率最高、最普遍。

第二，必要性原则

无论是古汉语方言词，还是外来语的引用，都要考虑是否有补充普通话词汇的必要。如果普通话词汇中已经有了相应的、确切表达的词汇，就没有必要另外引用其他词汇。引入外来词汇也最好遵循这个原则，

由于社会新事物的不断涌现，有时很难用相应的词汇来表达准确的含义，于是出现了一些新词和借用词。如"反思""磨合""强势""打造"等等。至于"三明治""汉堡包""热狗"等音译词都是特指国外的某种食品，所以也就沿用下来了。

第三，意义明确原则。

普通话里所普遍使用的古汉语，都是已为大家所熟知、所了解的，意义很明确；反之，一些含义不明、晦涩难懂的古语词，如"鼎辅""葳蕤""蹭蹬""天天"等，没有普遍应用，因此非特殊情况也没有采用价值。

其次，汉语对外来语的吸收，往往原来是借词，后来另造新词。主要还是为了明确表达词意。有的在音译的过程中，有不同的注音方法，应以国家语委确定的统一标准来施行，如"冰淇林、冰搅凌、冰其凌"等，标准是"冰激凌"。

（三）意思明白晓畅

如前所述，播音表达就是指广播电视节目内容的播报方式。从口语表达的角度分析，播音表达可以分为：转述式播报、陈述式报道、阐述式评

论、叙述式交流描述式解说等。这些口语表述方式在广播电视传播实践中都客观存在，也都具有各自的特点和应用范围。

第一，转述式播报。

转述式播报适合代表组织，团体或权威人士发表文论或言论，也适合对文学艺术作品的朗读。它是当前播音学的主要研究对象。只要广播电视还需要发挥"转述"作用，这种语言形式就会长期存在，仍然具有较高的应用价值。譬如：政府文告、新闻公报、评论文章、文传电讯等等，都需要用转述式播报，才能够准确、鲜明、生动地播报出去，随意地加词改句都是不严肃，不适当的。

第二，陈述式报道

时效性强是新闻直播的独特优势，它可以与新闻事件同时、同步报道。这种时效的发挥主要依赖记者在新闻现场做目击式口头新闻报道。但是，能否真实、客观地报道新闻事件，迅捷、准确地揭示新闻价值，取决于记者的口头语言表达能力。

譬如，记者在奥运会比赛现场，边看边说，边走边播，具有极强的现场感。他所陈述的赛场实况，生动活泼地反映了运动员在奥运会赛场为国争光、奋力拼搏的激动人心的场面。主持人灵活调动各个场地最精彩的内容，使受众在有限的时间里，身临其境般地领略奥运会赛场的气氛。

第三，阐述式评论

它通常是主持人在节目中就某些社会事件或新闻事实发表的观点性评论。这是主持人以新闻评论员身份出现时，普遍采用的话语方式。中央电视台《焦点访谈》节目就是此类型的典型。主持人的评论源于事实，高于事实。有时是观众目击事件，却又难以表达出来的感想，可谓言其心声；有时说出了观众没有意识到的内容，使观众有一种茅塞顿开的感受。

第四，叙述式交流

这主要是指以谈话节目为载体出现的话语方式。中央电视台《实话实说》节目在全国曾有很大的影响，其创办者之一孙玉胜谈道："纪实和谈话是当代电视的两个最重要的元素，新节目的创造和现有节目的提高都离不开这两大基本元素的开发和组合。因为只有纪实和谈话才能使电视接近真实，而接近真实就是接近观众的心理和电视传播的本质。谈话不是一个新概念，但是对谈话节目的使用，不少电视从业者却是经历过一次次全新的认识。"

第五，描述式解说。

在广播中一些大型活动的直播，需要现场解说，以弥补受众只能听不能看的遗憾。譬如：球赛解说、演出实况解说等。电视和网络视频新闻直播中大量的画外音也属于这种解说性质，因为它是对视觉信息的补充性说明和描摹，以加深受众的感性认识。

电影解说、戏剧演出解说，也都具有描述性特点。这样的解说需要使用描述式的语言来表达。

二、主持的概念

"主持"是人们在探求广播电视规律的过程中，寻找到的一种比较符合广播电视特点的传播形式。如果只是用"有声语言创作活动"来说明主持行为显然是不够的，因为"主持"行为使用了包括语言和非语言在内的各种有效传播方式。它不只是播出的最后一环，而且需要协调和控制整个传播过程，营造某种传播氛围。我们可以把播音看作是一种语言艺术，而主持则主要是一种交流行为，需要在传播过程中加以考察。

"主持"是从节目形态的变化中产生的传播行为，这种节目形态的显著特点就是双向交流。这就是它与传统节目"单向广播"模式的本质区别。传播学的一个重要原则是："信息是共享的。"有效传播是一个双向的过程，只有不断地调整"传"与"受"之间的关系，才有可能达到共享的目的。如何在大众传播的过程中创造出"交流情境"，几乎是所有主持人节目努力的方向。从这样的认识角度可以得到许多合理的解释，譬如：主持人所谓的"人格化"、"个性化"是由于真情交流的需要，面对不真实的人就不可能展开积极的交流；交流的情境是双向的，交谈又总是在平等的"主客关系"中进行的；日常生活中的人际交流和团体互动一般都会有一个主持者，把这种交流形式引入广播电视，就必须有"主持人"，如此等等。

分析主持人节目的传播过程，我们可以看到，主持人所发挥的作用恰似这样的现代传播者。一方面他作为"主人"（Host）需要提供大量的信息，同时他还需要调制整合各类信息，以便大家能够共同分享。由于他被放在了社会交流的过程中，所以他不可能再"照本宣科"式地转述稿件内容。1981 年 5 月 14 日，美国著名电视新闻主持人克朗凯特访华期间曾应邀座谈，在介绍他的工作经历和经验时说："自从我开始从事这项工作以来，（指从 1952 年以来，他主持报道美国两大政党的历届代表大会）我就开始研究美国的政治历史。这已经成了我的习惯。我每年都要重新编写几百页的有关资料。因为这是帮助我记忆的最好的方法。我把它称作案头书。这是一本活页厚书，有些页数的纸张，由于年长月久，已经变黄了。我极少翻阅它，除非偶尔查阅过去的一些日期。因为在编纂这部'作业'时，有关资料就在头脑里扎下了根，届时无须查阅，所需要的资料就会涌现在脑海里。"克朗凯特数次报道美国宇航事件的新闻，是报道这方面新闻的绝对权威，有着很高的社会公信力。

三、播音与主持的关系

虽然播音与主持概念不同，但是它们却存在许多共同点。例如：主持人在话筒前说话，那就是"播音"。因此可以认为，播音有更为宽泛的含义，它不仅仅是有稿件依据的播音，还应该包括脱口而出的述评、谈话等语言现象。事实上，它是广播电视中多种口头语体的表达方式。不仅播音员、主持人需要掌握话筒前的语言技能，广播电视记者在现场报道时也需要这种语言能力。之所以说"主持"是节目的传播艺术，是因为主持除了需要运用语言传播以外，还需要把握更多的非语言传播技巧。因此"播音"不能涵盖有声语言以外的传播行为，而"主持"也不可能取代语言再创造的"播音"艺术。

从传播过程来分析，"主持"需要借助播音的语言表达手段，"播音"也需要补充主持的非语言传播方式。"主持"是目前公认的比较理想的一种传播方式，它不仅运用语言手段，还运用了许多非语言手段，传播的信息量大，信息共享程度比较高。但不能因此武断地认为"主持人节目"是现在和今后广播电视唯一的节目形式。如果那样认识问题，广播电视也就无法发展了，节目就太单调了。一些概念是在发展中形成的，昨天被称为"播音员"，今天成了"主持人"，说不定明天又成了"网络秀"……但也许他们都可以称为媒介传播者。现代传媒需要的传播者是多种多样的，不能以一种模式来强行规范。检验的标准就是社会传播实践学科建设也必须是经得起实践检验的科学体系。只要我们发扬科学的精冲和求实的态度，"主持艺术"必将成为学无止境的艺术宝库。

在广播电视和网络节目中，播音和主持是既相区别、又相联系的传播活动。但无论是"播音"还是"主持"，都是一种传播行为，追求传播致效是它们共同的目标。这些传播行为总是在一定的语言环境条件下进行的，不同的节目语言环境有不同的表达方式，目的是为了达到最佳的传播效果。

第二节 播音主持艺术专业教育的发展变革

　　播音主持专业是伴随着我国广播电视事业的诞生应运而生的，并随着广播电视的不断发展而发展创新。到现在，它已经发展成在国内高校中独具特色，在国际上独树一帜，具有鲜明中国特色的专业。以中国传媒大学为代表的播音与主持艺术专业教育教学经过了初创期、成型期、成熟期，进入互联网传播时代，播音主持又开始迈入新的发展期。

　　十几年前，开设播音主持专业的本科院校在全国还只有北京广播学院（现中国传媒大学）一所，如今，伴随着广播电视事业的蓬勃发展，以及教育体制的改革，众多的院校纷纷开办起了播音主持艺术专业。这也导致近年来，播音主持类艺考专业走俏。据统计，截至 2016 年，全国共有 300 所左右的院校招收播音主持类专业的学生，仅"211 大学"就有 25 所，这其中不乏北京大学、四川大学、武汉大学、暨南大学、吉林大学、辽宁大学等综合类大学，以及中国传媒大学、浙江传媒学院等专业类学校，甚至还有一些师范类大学，高职及中职学校。

　　播音类专业的迅猛发展，和当前我国的发展阶段相适应，进入 21 世纪，我国传统产业增长潜力逐渐变小，经济发展方式转型升级，文化产业应运而生，作为文化传媒产业链条中的重要一环，播音主持专业的毕业生在各个行业都出现了不同的需求。

一、播音主持专业的起源与历史发展

(一) 我国广播电视播音主持发展历程

1940 年，延安新华广播电台（XNCR）成立（即今天中央人民广播电台的前身），这是中国共产党历史上的第一座广播电台。当时的延安新华广播电台有四名播音员：徐瑞璋、姚雯、萧岩、孙茜，由新华社广播科提供广播稿。当时，由于战争频发，在延安新华广播电台成立之后多次遭受敌人的破坏干扰，在 1943 年广播发射器遭受重创，导致广播停播，一直到 1945 年才恢复播音。

新中国成立之后，中国广播电台增加到四十多个，播音员的数量也有所发展。同时，在 1952 年的全国广播工作会议上也明确指出播音员的功能并不是简单的传声筒，播音员在对通讯、评论以及新闻进行播报的同时，也开始进行广播大会、实事对话、剧场实况转播的工作。1958 年，新中国第一座电视台北京电视台开始播出，这也是中央电视台的前身，沈力成为中国第一位电视播音员。在改革开放之后，欧美等流行节目的模式引入我国，1981 年中国中央人民广播电台针对台湾地区播出《空中之友》节目，而徐曼成为中国历史上第一个正式以"节目主持人"身份出现的播音员。随后，各种电视节目出现，有影响力的包括中央电视台赵忠祥主持的《北京中学生智力竞赛》、鞠萍的少儿节目《七巧板》以及沈力的《为您服务》等。

1986 年，伴随着播音员主持人队伍的发展逐渐壮大，珠江经济广播电台成立，这是我国第一家经济电台，它首开"大板块"节目架构，主持人负责材料的采集、编导、播出，并增加了听众热线电话参与模式，这使中国传统广播节目中的广播员真正过渡到主持人行列。此后到上个世纪末，我国广播电视的发展更加活跃，比如我们知道的《正大综艺》杨澜、《综艺大观》的倪萍等，随着广播电视的迅速发展，各种类型的节目出现，主持人的数量与日俱增，节目主持人的类型也逐渐增多。

20 世纪 90 年代至 21 世纪初，各个电视台都推出了许多丰富多彩的节目，中央电视台就推出了如《开心辞典》《非常 6 + 1》等益智类节目；《东方时空》《实话实说》《艺术人生》《对话》等谈话类节目。同时也培育出一批具有独特个性的节目主持人，如白岩松、崔永元、李咏、王小丫、王志等。他们形象鲜明，具有个性，深受广大观众喜爱。

21 世纪初，湖南卫视推出了一档大型选秀节目《超级女声》，这一节目在当时拥有着全国近乎 70% 的观众平均忠实度。而这种号召力背后离不开主持人的努力。不论是外貌甜美、口齿伶俐的李湘，抑或是沉稳大方、思维活跃的汪涵，都给电视观众留下了深刻印象。主持人之间的默契配合与良好的控场能力为受众打造了一档互动性强、情感丰富、极具人文关怀精神的优秀节目。

（二）播音主持专业的历史发展

中国的播音主持专业的发展是伴随着中国广播电视事业的发展而逐渐发展起来的。

1954 年，为了使中国播音主持专业的人才培养适应中国广播电视事业的发展，我国成立了北京广播学院（现在的中国传媒大学）作为广播事业专门人才的培养基地，并从 1963 年开始正式对播音主持专业的学生招生，三年学制。北京广播学院最初和中央人民广播电台一起创办"播音训练班"，在 1963 年开办的也是中文播音专业，是大专学历；到 1977 年之后才升成本科学历，1980 年把播音系的硕士学位授权点申办下来，到 1996 年播音主持艺术学院正式成立，在 1999 年开始招收"中国播音学"方面的语言学及应用语言学方面的博士生，北京广播学院的播音与主持艺术专业不断发展壮大。在 2004 年北京广播学院正式改名为中国传媒大学，就在当年年底，中国播音学从语言学及应用语言学学科中分离出来，在新闻传播学一级学科下自主增设了"广播电视语言传播"二级学科，并招收博士生。总之，中国传媒大学作为培养播音主持专业人才的高等学府，为广播电视机构输送了大量的人才，几十年来为中央及全国各级广播电台电视台输送和培养了几万名的优秀人才，并为世界其他国家的媒体机构培训、输送了上千名人才，它是中国优秀播音主持专业人才成长的摇篮，是全球汉语播音员主持人的培养基地。

当然，在中国传媒大学（原北京广播学院）之后，伴随着教育体制的改革以及广播电视事业的兴盛，中国有关播音主持专业的院校逐渐增多，如 1983 年在山西省省会太原华北广播电视学校成立，这所学校是和山西地方政府以及地方广电局合作成立的专科学校，随后在 1990 年改换名称为广播电影电视管理干部学院，并设立播音主持专业的普通三年制大专班、二年制中专以及成人班。随即，河南成立了包含播音主持专业两年制中专班的郑州广播电视学校；1986 年浙江杭州成立了包含播音主持专业三年制大专班的浙江广播电视高等专科学校，2004 年更名为浙江传媒学院。这些学校基本上继承了中国传媒大学播音主持专业的人才培养模式，为我国培养了大量播音主持领域的专门人才。

二、播音主持教育的发展条件

（一）飞速发展的广播电视传媒事业是播音主持教育成长的直接动力

播音主持教育的发展，与广播电视事业的发展历程密不可分。

从 1940 年 12 月 30 日中国共产党领导的第一座广播电台——延安新华

广播电台开始播音算起，播音事业已经走过了 70 多年的光辉历程。70 多年来，人民广播的播音员由最初的延安新华广播电台的几个人，发展到现在全国的万人大军；播音理论由陕北台"10 天工作总结"，发展到现在的《中国播音学》《播音创作基础》《实用播音教程》等；播音业务的研究、播音队伍的培养，由最初学习苏联的经验，发展到现在有专门的系科、专业，有一支包括教授、专家在内的师资队伍，能培养专科生、本科生、研究生、博士生等不同层次的播音主持专业人才。这一切的发展变化都与广播电视事业的飞速发展息息相关。

随着广播电视事业改革的不断深入，播音主持人才的需求和要求也在逐步扩大和提高，自 20 世纪 90 年代以来，中国的广播电视事业，特别是部门、类别的发展，其速度之快超过了社会许多的其他行业。据统计，1986 年我国专职的播音员主持人仅有 1607 人，到 2000 年增加到 16600 人。截至 2002 年，全国广播电视系统播音员主持人总计 22600 人（其中具有播音职称的共有 18000 人），而实际从事播音主持专业的人员，有五六万人。目前，在省（市）级台的主持人（包括各频率、频道），一般都超过百人以上，比过去增长了近 10 倍。有些台还长年大批聘用编外人员从事这项工作，其数量难以准确统计。近年来，随着网络视频节目的发展，新增了很多网络节目主持人，这部分主持人的数量目前尚未有权威机构做出统计。

一方面，大量的播音主持岗位需要高校为其输送适应时代需要的优秀人才；另一方面，一部分没有经过语言规范训练、综合素质培养的主持人急需充实提高；再者，一部分院校在不具备师资和教学设施条件的情况下，盲目招收播音主持专业学生，培养出来的学生专业素质和综合能力堪忧。这些都使得播音主持教育事业亟待变革发展。

（二）市场需求是播音主持教育发展的现实基础

1. 考生市场巨大

由于市场较大，全国各地各种院校不管有没有条件，都争着开设播音主持艺术专业，上百所院校在每年的寒假期间或初春时节开始接受考生报名，报考的场景用"火爆"来形容一点也不夸张。中国传媒大学播音主持艺术专业，作为培养播音主持艺术人才的最高学府，办学时间长、办学声望高，虽然每年仅有六七十人的招生规模，可报考者却达到七八千人甚至上万人。上海戏剧学院、浙江传媒学院等许多开办播音主持艺术专业的学校也是如此。

2. 办学院校激增

近年来，播音主持专业由最初的一两家快速发展到几百家，除了考生市场的需求刺激、高校扩招的现实之外，利益的驱动力也不可小视。播音主持专业作为艺术类专业，学费相对较高。在利益的驱使下，不少缺少该专业师资的普通高校也在争相招收考生，诸如林业院校设主持人专业，工科院校招表演学生，师范院校一个艺术专业一届就招收几百名学生……由于看好这个市场，许多民办高校也奋力挤进艺术教育阵地。

三、多重矛盾下的播音主持艺术教育现状

播音主持艺术专业这几年的快速发展，可谓喜忧参半。

播音学科是一个新兴学科，又是一个交叉学科。在我国开设播音主持艺术教育的众多学校中，除了一定的艺术类专业院校之外，还有一部分综合类和工科院校。各个院校从不同的领域进行研究和教学有利于播音主持教育体系的充实和完善。其他学科的课堂教学无疑将提供丰富的讲授经验，可以积极汲取。比如：中国传媒大学以新闻传播为教学特色，培养的人才

中新闻主播和新闻类节目主持人居多；上海戏剧学院定位在综艺类节目主持人，将表演中的声、台、形、表服务于主持人的培养，形成了属于自己的专业特色。与此同时，在播音主持专业教育成为热点以后，中国顶尖知名高校也加入播音主持艺术教育的行列，各校结合自身优势，切入的角度各不相同。如：北京大学新闻传播学院、人民大学新闻学院、北京师范大学艺术与传媒学院、上海大学影视艺术与技术学院、同济大学传媒与艺术学院、复旦大学新闻学院等都参与其中，这必将为从多角度、多侧面地认识和研究播音主持专业拓宽眼界。所以，更多院校办这个专业也并非坏事，关键在于如何依托各院校优势学科，明确具有专业特色的办学方向。

但是，上述办学中取得的成绩并不能掩盖播音主持艺术专业教育现存的一些问题，这是高校和教育工作者更应该警醒和重视的关键之处。

（一）规模扩张与办学力量短缺的矛盾

这几年，各地大学相继开设了播音主持艺术专业，这些学校大都依托电台、电视台开课，教材、课时难以规范，教师、教学难以保证。规模扩张与办学力量短缺是目前播音主持教育工作中的一对主要矛盾。这些矛盾最突出的表现是课程资源和师资力量的不足，必然造成教育质量难以保证。与此同时，社会对播音主持教育的认识也过于简单化，不少人以为会说普通话、容貌端正就可以做播音员主持人。显然，这种错误的信息对于已经或将要学习播音主持专业的学生以及开设了播音主持专业的学校来说都是一种误导。

播音主持艺术专业教育与一般的文科教育不同，它不是仅通过课堂讲授，就可以培养出优秀人才来的。按照教学规律，必须通过大课讲授、小课辅导，实施艺术个性化教育。所以办这个专业，必须要有充裕的师资力量和富有经验的老师。

教学设施的不足也是摆在许多院校面前的一个问题。播音主持艺术专业是一个培养特殊人才的专业，在专业培养上要投入很高的教育成本。它是一项实践性很强的专业，教学上应该具备视、听、录、摄、演、控的全套播音实验设备，可以说是一项高投入的学科专业。然而目前开办播音主持专业的许多院校，没有应有的录音、录像设备；没有配备专业演播室和移动直播设备。有的学校虽有部分简陋的设备，但学校的绝大部分专业老师缺乏媒体实践经验，缺乏操作技能和操作训练，很难给学生进行话筒前和镜头前的演练和示范。

播音主持专业"超常规"发展带来了一系列问题，师资、设备、技术……办学条件严重不足，其后果是播音专业毕业生数量不断增多，而质量却得不到保证。

（二）培养规模与市场需求的反差

可以说，当前播音主持人才供需的状况，是既过剩又紧缺。正如时任中国新闻教育学会会长、教育部新闻学科教学指导委员会主任何梓华教授所说："新闻媒体需要的，高校供应不上；新闻媒体不怎么需要的，高校却在大量培养！"

就总体情况来说，中央、省及省辖市广播电视机构的主持人就业岗位目前已经处在基本饱和的状态。如果说还有需求的缺口，那就是需要优秀的新闻评论类主持人、知识性节目主持人、大型娱乐类节目主持人、有个性的网络节目主持人等特色化、专业化较强的主持人。但目前我们的教育手段和教学能力还不能满足培养这类人才的需要。

（三）日常教学与理论研究的不平衡

播音主持艺术专业是实践性很强的专业，但是专业教育除了要注重实践外，指导实践的理论研究建设也是不容忽视的。从播音主持的教育现状来看，从最初的两所学校（北有"北广"，南有"浙广"），发展到现在的几百所，目前，大部分学校还都是借鉴和参考了这两所大学的办学模式和教学大纲。学校能够从自己所在的地域特色（如产业特点、文化特色、学校专业优势等方面）来考虑，实行教学方面的改革和创新的却不多，从模式、形式到内容都十分相似。有的学校仍然被束缚在一种孤立的状态之中，供给学生的也几乎是与社会绝缘的知识。一方面学校无法提供给学生真正与社会接触的机会，一方面在理论上的研究和发展也很有限，而从实践中深化的播音理论和教育理论更少。

我国完整的播音理论体系多年来卓有成效的指导着播音业务实践，培养了一代代优秀的播音主持从业人员。但同时，飞速发展的社会现实也对播音理论的研究和发展提出了更高的要求。中国传媒大学张颂教授认为，理论建设是播音主持事业发展的基石，应该加强播音主持艺术理论的研究，在正确的艺术理论指导下，博采众长、兼收并蓄；同时播音理论研究的课题繁重而紧迫，播音学的理论研究任重而道远。

理论研究工作需要理论工作者付出大量的时间和精力，可是办学规模越来越大，学生人数越来越多，老师们常常是疲于应付日常的教学，根本没有时间坐下来进行理论的研究和思考，这也是播音主持理论研究中存在的现实矛盾。

传媒事业无疑将进入更加辉煌的时期，与此相适应，播音主持教育也应达到更高的水准。分析播音主持教育事业面临的形势，探求播音主持人才的教育方向，是关系未来事业发展的一个重要课题。目前，播音主持艺术教育蓬勃发展的势头势不可挡，播音主持艺术专业作为一个新兴的学科，其人才培养体系目前还处于探索和拓展的阶段，出现各种问题也是正常的。但应当引起重视的是，在探索的过程中，要不断积累经验，并在此基础上加强规范建设，强调规范操作，避免盲目办学和低水平办学。如果在播音主持专业的发展中，能重视制度建设和规范操作，并注重与传媒事业发展前沿相适应，出现问题的可能性应该有所降低，发展也可能更加顺利。

第三节　融媒时代播音主持专业人才的素质要求

播音主持的基本素质是一个播音主持人胜任播音主持工作的前提，是展示播音主持魅力的基础。在广播电视台播音主持过程中，播音主持的基本素质主要包括思想道德素质、自身业务素质和心理健康素质三个方面的内容，其具体内容如下：

一、播音主持的基本素质

（一）过硬的政治素质

政治素养是主持人素质中的根本。播音员主持人的政治素养，包括政治态度、理论修养、思想作风、道德修养和政策水平等。

主持人作为党和人民的喉舌，作为媒体的代表，作为一个节目的标志，其观点、言论不再代表其个人，而是代表着媒体、节目，甚至代表党和政府。对于播音员主持人来说，有些新闻是有关国际、国家政治的大事，在播音的时候就代表着国家的政治立场和态度。如果没有过硬的政治素质，较高的理论修养那就无法将党的精神正确的传达给受众。另一方面，播音员主持人的政治素养，源于平时工作中深入基层和生活，加强与人民的沟通交流，广泛听取人民群众的意见呼声，才能做到播音主持真正为人民服务。

(二) 较高的业务素质

1. 渊博的知识修养

主持人应该是博学多才的有识之士，这样才能面对观众侃侃而谈、出口成章。渊博的知识来自工作中的积累，也来自平时的勤奋学习、博采众长。主持人的工作是常常面对观众，访问新闻事件的当事人，要对热点时事做评述。他们的采访活动能力，提出问题的角度深度，对问题的分析见解，都一览无余地呈现出来。渊博的知识和文化修养，使主持人能在镜头前神态自若地采访播讲，做出深刻有见地的分析评论。主持人虽各有不同的形象、性格和气质，但在博学多才的素质上应该是相同的。有人说，主持人所充当的角色，有时候就像一名引导人们在生活的百花园中观光的"导游"，带领大家去发现、感受。这就要求主持人一定要充分认识自身所处的重要地位和作用，不断提高自身的文化修养和知识水平。要博览群书，不断充实自己，决不能满足于所学知识。在今天这个信息爆炸、知识日新月异的时代，主持人更是要有很强的学习能力，才能在自己的岗位上以万变应不变，满足受众对主持人的更高要求。"腹有诗书气自华"这句话，永远适用于每一位播音员、主持人。

2. 优秀的语言表达能力

优秀的语言表达能力是对主持人业务素质最基本的要求。一方面：要求主持人有稿播音锦上添花。尤其较长篇幅的串场词更要如行云流水，一气呵成，才能让观众有信服之感。倘若口齿不清，表达不畅，那么观众尚且不能明白你要表达的意思，又如何能进一步了解编导的意图，如何能够同你一同溶入节目的氛围中。另一方面：要求主持人无稿主持出口成章。这需要主持人有广播的知识，有严密清晰的逻辑思维。主持人要把自己的所见所闻、编导的意图、节目的宗旨，甚至突发的状况形之于声，及于受众，只有做到逻辑清晰，才能表达清晰。主持人最忌讳生搬硬套、张冠李戴，看似口若悬河、滔滔不绝，实则空空无物。再者：主持人的语言表达一定要有自己的个性特色。主持人与观众的交流主要是通过自己的有声语言、目光、手势、体态、服饰等。其中尤以语言为主，所以主持人的语言一定要富有个性和感染力，才能吸引和打动观众。当然个性不是一味夸张和标新立异。首先，语言要平实自然，让观众听起来是主持人的肺腑之言；可根据节目特性和现场所需适当运用独特手势等副语言辅助表达。就像曾经《开心辞典》的王小丫和《非常6+1》的李咏，他们俩独特的手势语给我们留下了深刻的印象，并成为他们个人和节目的标志性表达方式。只有做到了这些，主持人才能对语言驾驭自如，使语言表达富有个性魅力。

3. 一专多能的综合能力

曾经有一段时间，学界和业界都在争论，播音主持人是否需要具备集采、编、播、制为一体的能力。有的认为主持人是人，不是神。只需要做好播音主持本职工作就行了，没有精力，也没有必要钻研、掌握其他的技能；有的则认为主持人掌握集采编播制为一体的综合能力更有助于做好播音主持工作，也能为将来的事业发展奠定基础。事实上，播音主持工作走到今天，后一种说法似乎更经受住了时间的考验，也更适合大多数播音员主持人所需。尤其是在传统媒体遭遇新媒体冲击，广播电视节目收听收视下滑的情况下，一些节目被取缔，很大一部分播音员主持人面临转岗转行，而绝大多数播音员主持人还是只具备单一的播音主持技能，很多人不得不在并不年轻的时候被迫另谋出路，这不得不说是一件残酷的事实。事实上，在播音主持最初的教育中，我们的学界前辈们就提出了"艺多不压身"，但是我们很多播音员主持人没有引起重视，或者只是狭义的理解艺多不压身，就是多会一些在舞台上的才艺表演等。新媒体时代，各种网络视频节目的出现，各种新传媒技术的运用，都对主持人的综合能力提出了更多、更新、更高的要求。"既要一招鲜，也要百招全"，唯有不断学习、一专多能、与时俱进才能不被不断发展的传媒事业所淘汰。

（三）较强的身心素质

身心素质，包含了身体素质和心理素质。身心素质是播音员主持人的必备素质之一。真正懂广播电视播音主持工作的人，都会有一个同感：这项工作，既拼脑力，也要拼体力。长时间的直播，快节奏的反应，高强度的集中精力，挺拔、笔直的站立和坐姿，都需要强健的身体做后盾。拥有健康的身体和充沛的精力对于任务繁重，并时刻准备迎接突发事件挑战的播音员主持人来说是不可或缺的必备条件。

播音主持工作具有很大的灵活性、随机性和挑战性。这对广播电视播音主持人的心理素质提出了更高的要求，只有具备较强的应变能力、适应能力和健康的心理素质，才能在短时间内恢复镇静，进而在播报新闻、主持节目的时候保持应有的理智、镇定和平和。一方面，播音员主持人只有具备较强的心理素质，才能在报道突发新闻事件时，从容面对；在突发状况时，临危不乱，应变自如；另一方面，播音员主持人的工作性质和工作强度决定了经常会承受很大的心理压力，这就需要播音员主持人学会自我心理调节、自我减压，时刻保持积极地工作状态。

二、播音主持所需的实践技能

（一）扎实的专业基本功

扎实过硬的基本功是播音主持人现场播报、主持的基本能力，也是播音主持人的必备素养。播音主持人在进行现场播报时应具有良好的专业功底。在现场播报工作中，由于受到现场环境的影响，如果基本功较差，就很容易导致错播误说，影响到节目的质量。并且在实际的播报过程中一些播音员主持人经常出现语言生硬或是节奏把握不准的问题，这些都是其播音主持基本功欠缺的表现。关于播音员主持人的基本功，在上一节较强的业务素质里也有阐述，这里不做赘述。

（二）即兴口语表达能力

新媒体时代，信息传播越来越便捷，节目产制时间大大缩短，节目形式丰富活泼，直播节目也越来越多。主持人在内容生产过程中不可能再如以往一样可以"照本宣科"，其自身必须具备良好的即时口语表达能力进行即兴、准确的有声语言创作，才能应对日渐压缩的内容生产流程。在信息传播逐步转向用户主导型的传播模式下，主持人的角色不再是"传声筒"和"报幕器"，不再是信息传播和内容表达的一个象征元素，而是真正意义上作为一个独立的"人"的个体存在于节目中，能够表达"自己"的观点、声音和态度。这对主持人来说，是机遇，更是挑战，它给予了主持人表达的空间，同时又要求主持人要有能力表达好、表达正确、表达精彩。

（三）即时互动能力

网络媒体兴起后，国内出现了多档网络原创互动栏目，有李静主持的网络视频互动节目《"静"距离》、胡紫薇主持的《奥运紫微星》、网络主持人大棚主持的《大鹏嘚吧嘚》、还有爱奇艺推出的《奇葩说》等。这一类型的新媒体网络节目的主持人都拥有着强有力的互动交流能力。融媒时代下的视听节目比传统广播电视节目更注重交流与互动，改变了以往一味宣教的模式，增添了不少与受众互动的内容和环节。受众互动也成为融媒时代节目创作的一个重要部分。融媒时代的主持人必须具备互动议程设置能力和与受众进行有效即时互动的能力。

（四）多元的专业储备

融媒时代的视听节目具有多元化的特点，节目内容和主题囊括了政治、经济、社会、文化等诸多领域。在受众分化的时代，受众对自身感兴趣的内容如数家珍，这就意味着在节目多元化的同时，主持人自身的专业知识储备必须足够丰富，才能满足具有独特兴趣的受众群体的心理需求。中央电视台 2015 年打造了国内第一档中韩明星跨界体验类真人秀节目《叮咯咙咚呛》，来自中韩两国的明星需要奔赴多地学习传统京剧、越剧、川剧表演，而该节目的主持人董艺就深谙戏曲文化。董艺的母亲是一位戏曲演员，董艺自小学习戏曲，在中央电视台主持了十余年戏曲节目的她对中国传统戏曲文化十分了解。这样的经历让她在节目中如鱼得水，也让受众对她有着更强烈的代入感和认同感。我们以前常说主持人是个"杂家"，在受众细分的分众时代，主持人有时候需要成为在某一方面有较深研究的"专家"。

（五）全面的媒体创作技能

这一部分既是播音员主持人的基本素质，也是播音员主持人应该注重完善的实践技能。我国播音主持事业的发展伴随着新中国的成长，特殊的工作性质与历史任务使播音员主持人从一开始就具有"专岗化"的特点，在过去很长的时间里一般特指"在话筒前、屏幕前直接向听众、观众进行有声语言传播的专业工作者。"

融媒时代的主持人一般是以主持人作为节目负责人的形式存在的，主持人的意识在节目创作中占据主导地位。国内主持人单纯进行有声语言传播的分工模式已不能满足日益变化的媒体发展需求。在全媒体发展日益成熟的今天，信息传播速度飞快，主持人集采、摄、编、播、评于一身才能保证信息能够在第一时间传播出去。

"全能化"主持人成为融媒体时代对播音主持的新要求，运用多媒体进行创作是所有媒体人都必须具备的技能。传统媒体分工明确，每个人只要专攻自己的业务即可。现在内容生产融合要求每一个从业者除了有良好的专业业务能力外，还必须了解各环节工作特性，熟练掌握和操作各种媒体设备，具备多媒体技能和多种内容生产的能力。

同时，媒体融合的发展让主持人的工作平台延伸到了网络电视、移动手机等新的播出平台，受众可以随时与自己喜欢的节目进行互动。受众有了更多的自主选择权，希望能够获得更加全面的信息，作为主持人就要利用新传媒技术、新媒体平台来增加自己的资料库，以供受众进行检索，除了提供节目本身的背景资料，还要深入进行分析探讨，帮助受众理解节目，以满足受众的收听收视需求。

（六）丰富的个人色彩

时代的变革让节目主持人不再以大众普遍审美的价值形式存在，即不再充当"大众情人"的角色，融媒时代下受众会根据自己的偏好和心理需求对节目主持人提出不同的要求，这就需要主持人必须具有鲜明的个性色彩，向个性化方向发展，并建立起个人品牌。这不是仅仅指主持人的形象，更重要的是主持人的个人魅力、语言风格和文化素养。一个具有鲜明个性色彩的主持人在很大程度上能够影响节目的整体格调。在融媒时代下，只有具有个性化的主持人才能够在大批量主持人流水线生产的职业竞争下赢得自己的一席之地。

总的来说，融媒时代的到来给播音员主持人提出了更高的从业要求，播音员主持人必须具备良好的即兴评述、即时互动、个性表达的口语传播能力，舆论领袖的精英化话语能力，融媒体创新性内容产制能力以及媒体与个人品牌的同步打造能力这四大能力，才能在信息充分涌流的媒体竞争中，在人人都是主持人的媒介时代中脱颖而出。

第四节　融媒时代播音主持专业人才的培养

一、播音主持人才的选拔

（一）播音主持人才的选拔特点

在目前，报考院校播音主持专业的学生群体主要是高中艺术生。而且，播音主持专业现在属于艺术类的细目下，高中艺术学生也需要参加全国艺术类考试的提前批录取。同时，这类考生除了参加每年一次的全国统一的高考外，还需要提前半年时间到全国各地参加每个院校关于播音主持专业的招生考试。近年来，相关院校对播音主持专业的学生都制定了培养目标和相应的培养方案。这里只列举具有代表性的其中几所院校：

中国传媒大学：播音主持专业主要面向影视传媒以及广播电视等单位和机构，培养学生新闻传播学、广播电视播音学、心理学、美学以及语言文学等多种学科能力，主要培养从事新闻播音与主持，专题播音与主持、各类节目主持、影视配音及演播、体育评论解说、双语播音与主持以及播音主持教学与研究工作的复合型特色人才。

武汉大学：播音主持专业主要培养具备深厚文化底蕴以及新闻传播知识，对我国新闻传播政策熟悉，能从事节目主持、节目制作、播音及采编方面的人才。

浙江传媒学院：播音主持专业作为该校特色专业，旨在培养适应 21 世纪社会政治、经济、科技、文化艺术与新闻传播事业发展需要，德智体美全面发展的，具备艺术学、中国语言文学、新闻传播学等相关学科知识结构与应用能力，能在各级各类广播电台、电视台、新媒体和其他传媒机构、大专院校及相关单位从事播音与主持工作、播音与主持艺术教育工作、语言传播相关工作的复合型高级应用性专门人才。

四川传媒学院：四川传媒学院前身是成都理工大学广播影视学院，其播音主持艺术学院主要培养以播音主持为"一专"，兼具创意、策划、采编、音频、视频制作为"多能"的适应全媒体传播需要的应用型人才；培养具有较强的有声语言表达能力，并为有声语言在社会各行各业的应用进行设计开发、制作运营的专门人才；培养具有媒体语言传播、口语传播研究和教育能力的复合型人才。

陕西师范大学：播音主持专业主要培养具备广播电视新闻传播学、艺术学、播音学、语言文学等多种知识，能够在广播电视台、互联网站以及音像公司等部门从事播音与主持工作的人才。

从以上各院校对播音主持人才的培养目标中发现，报考播音主持专业的学生主要应该具备下列几种素质：

一是具备较强的有声语言表达能力，播音主持专业人才选拔都会把考生有声语言的考核放在首位，因为这个专业的毕业生主要从事与语言应用有关的工作。这就要求学生要必须具备准确、清晰表达事物的能力；普通话标准，利于受众接受；音质纯净、圆润动听、富于变化等。

二是具有高度的政治责任感、高尚的道德情操和社会责任感。播音主持工作，是党和人民的喉舌。这个专业的学生应该德才兼备，有正确的世界观、人生观、价值观和新闻观，思想道德端正，具有高度的政治觉悟，高度的社会责任感，才能不辱喉舌的使命，正确地传递社会主义核心价值观，做好社会舆论引导和对外宣传。

三是要知识渊博、技能多样。播音员主持人的工作性质决定了要具有广博的知识才能主持好不同题材、类型的节目；另一方面，传媒技术日新月异，播音主持专业的学生要有较强的学习力，才能掌握更多技术、技能，适应新媒体时代的技术技能要求。其次，具备较强的外语基础和外语口语交流能力，能增加学生将来的就业、择业机会，有利于培养双语播音主持，更好地实现对外交流传播，增强国际传播能力。

（二）播音主持专业的人才选拔标准

播音主持专业的考生在全国面临的考试主要有两种：一是全省联考，学校根据考生联考的成绩对考生进行录取，比如湖南省每年都是湖南师范大学承办湖南省播音主持专业的联考，并把专业的最低录取分数线划出，而湖南省其他学校基本承认这个录取分数线，并根据考生联考成绩招生；二是学校自主招考，比如湖南大学自主招生，设长沙和北京两站。如果一个考生想考取湖南师范大学或者湖南大学播音主持专业，则必须参加湖南大学的自主招考和湖南省的专业联考两项。此外，在考试形式和内容上每所院校之间的区别不大，形式上主要分为初试和复试两场，有的学校会设三试。

内容上每个学校略有不同，比如上海戏剧学院初试内容两项（自备叙事散文朗读以及新闻故事讲述），复试内容三项（指定文稿朗读、指定话题演讲以及才艺展示），此外还有三试内容三项（包括命题作文撰写、主持能力测试以及英语口语等综合能力测试）；又如天津师范大学初试内容包括自备稿件朗读，复试内容包括新闻播报、话题主持、文学作品朗读以及其他综合素质检测等。虽然，每个学校在关于播音主持专业考试内容上略有不同，但对于播音主持专业人才的选拔标准还是具有共同点的。

第一，考生的形象气质。播音与主持专业的学生未来所从事的工作是面向公众的，因此，在对播音主持专业的人才进行选拔时，首先要对外表的形象美具有相同的认知，即播音主持专业的学生形象要大方、端庄、具有亲和力。一是在脸型一般要求脸部内轮廓要窄，这样会增加主持人上镜之后的立体感，而我们平时看到的"圆盘脸""国字脸"等脸型丰满，但在图像上看就会显得扁平；二是五官要端正，这个概念其实在日常学生选拔中不可能拿着尺子测量，只要能达到脸部五官和谐，在人看来视觉效果舒服即可；三是针对学生形体进行考核，一般要求男性要体现阳刚之美，而女性形体要柔美匀称；在身高、体重比例上通常男性要求身高不能低于170cm，体重在 70～75 公斤之间；女性要求身高不能低于160cm，体重在48～52 公斤之间，当然也有个别学校对此要求甚高，比如中国传媒大学一般要求播音主持专业学生男性身高在 175～180cm 之间，女性在 165cm 以上，特别优秀者可适当放宽；四是在气质选拔上男生多阳光、硬朗、潇洒型，女性多为清秀、端庄、大方型，气质不同，决定考生未来的就业方向不同。

第二，考生的语言表达能力。在各大院校对播音主持专业考生的考核中也可以看出比较侧重考生的语言表达能力。一是考生要说标准、规范的普通话；二是考生的嗓音要圆润动听，即音质要干净润泽、没有杂音，一般暗哑、干涩、柔弱的声音不适合做主持人，另外要求吐字清晰，发音部位不能有明显偏差等；三是具备丰富的语言表达能力及内心感受能力，包括考生对稿件的理解、感受的表达能力。

第三，考生的思维能力。播音主持专业的人才以后从事的工作不是念念稿件，还要现场采访主持，撰写主持词，与嘉宾和观众互动交流，对新闻事件即兴评述等，所以要具备敏捷的思维能力。一是知识结构全面，考生不能是"两耳不闻窗外事，一心只读圣贤书"书呆子型，要对生活充满热爱、要善于关注周围的人物和事物，有新闻敏感性。二是考查考生缜密的思辨能力和即兴演讲能力，比如中国传媒大学要求考生就某个主题进行辩论或主题讨论，还有的学校给考生划定题目范围，让考生根据话题进行即兴主持或即兴评述等。

二、播音主持专业人才培养中存在的问题

我国传统的播音主持人才培养模式存在着以下问题：课程设置比较陈旧，社会科学及自然科学的理论知识的学习没有受到关注，人才培养没有考虑到传媒人才的综合素质培养。因此，传统培养模式下培养出的学生专业性强，但是复合度比较低、不能适应新兴的传媒领域，就业选择面比较小，且发展后劲不足，无法适应新时代对播音主持人才多方位的需求。因此，新媒体时代应该及时地调整播音主持专业的人才培养模式。我们首先来分析新媒体时代播音主持专业人才培养中存在的问题。

（一）招生质量降低

随着开办播音专业的院校不断增多，一场隐形的播音专业生源大战悄然展开，随之而来的就是一些院校对播音主持专业学生的招生门槛下降了。在这种形势下，势必造成一方面播音主持专业的教学任务繁重，另外一方面播音主持毕业生的就业压力增大。纵观一些高校盲目地开设播音主持专业，主要原因有以下一些方面：一是传媒事业发展迅速，播音主持人才的社会需求量增大；二是播音员主持人在镜头前、在舞台上的光环，成为很多年轻人向往的职业，于是纷纷报考；三是播音主持属于艺术类专业，对文化考试成绩要求相对较低，考生可以借此考个不错的大学，所以报考；还有一点就是高校自身利益驱动，播音主持艺术类考生学费高，多招生，可以多收钱。根据调查，目前我国已经有300所左右的各级各类学校开设了播音主持专业，在校的播音主持专业的学生数量每年都呈上升趋势。招生

规模扩大，生源质量必定下降，播音主持专业的学生在专业素质和文化知识等方面都无法尽如人意。因此，高校培养出来的播音主持专业毕业生自然是良莠不齐。

（二）播音主持的师资队伍不健全

由于播音主持专业的学生数量迅速增加，播音主持专业的教师数量却无法相应的迅速增加以满足教学所需。导致很多开设播音主持专业的高校缺乏专业教师，一些高校只能通过聘任一些在职的播音员主持人作为兼职教师，以补充教师资源的不足。尽管这些兼职教师可以传授给学生实际的工作经验，但是缺乏理论知识，教学水平不高，因此，长此以往，对播音主持专业的教学发展并非好事。还有些播音主持专业的教师不是本专业出身，而是出身于新闻、中文等专业，这些教师缺乏播音主持的实际工作经验，因此在教学过程中仅仅关注理论教学而忽略了实践教学。由于缺乏播音主持专业理论和实践的积累，对广播电视和新媒体的特征又不够了解，教师在教学过程中，仅仅是照本宣科，无法全面地对学生进行指导，最终导致专业课程教学无法引起学生的学习兴趣，教学质量必然下降。

（三）播音主持专业教学内容陈旧

当前，大多数开设播音主持专业的高校，运用的都是中国传媒大学出版社，2000年初出版的实用播音教程（共四册），书中的很多训练材料和内容早已与学生的生活脱节，难以激起学生共鸣和学习兴趣。而过去出版的教材对网络节目主持人的培养，更是没有涉及。所以，播音主持专业运用的教材已经无法适应对新媒体时代播音主持专业学生的培养。另一方面，播音主持专业的教学内容只关注专业技能的教学，忽略了理论修养的教学；教学内容结构简单，课程设置局限于本校教学资源；教学内容过于陈旧，教学方式老套；对学生的节目主持实践课程安排不多；对新媒体技术设备的应用教学甚少。这些情况都导致了学生仅仅对播音主持的基本理论有所了解，主持风格比较单一，无法适应新媒体时代播音主持多变的工作环境，不具备新媒体时代对播音员主持人特色化和丰富化的要求，不利于学生综合素质提高和业务能力的培养。由于播音主持专业教学中存在的这些问题，培养出来的播音主持专业毕业生的业务能力通常比较单一，难以适应新媒体时代对复合型播音主持人才的需求。

（四）播音主持专业教学方法创新不足

目前，播音主持专业的教学仍然以传统的教学模式为主，主要对学生的播音发声、普通话、语言表达技巧、广播电视播音与主持、广告配音等进行训练，播音主持专业的学生实际操作能力较为传统。新媒体时代传播方式转变，直播报道的形式也不断变化，然而，目前高校播音主持专业的教学并没有完全适应这些变化。一些高校仍然处于只注重有稿播音的教学状态，在即兴口语表达能力，逻辑思维训练、现场应变能力，整体的综合素质，新传媒技术应用等方面重视不足，或心有余而力又不足。因此，大多数院校培养出来的播音主持专业的学生无法适应新媒体时代播音主持工作的新要求。

三、融媒时代播音主持专业的培养方向

（一）加强播音主持专业人才培养的通识教育

业界有一段时间有过对播音员主持人要是通才还是专才的争论，经过这么多年的发展，关于播音员主持人是通才的认可越来越多，由此增强了对在播音员主持人培养过程中应注重通识教育的认识。通识教育起源于 19世纪，主要目的是培养学生独立思考，对不同学科有所了解，并且能够将不同的知识融会贯通，从而培养出完全的人。新媒体时代，传媒行业对播

音主持人才的要求提高，将通识教育理念引入到播音主持专业教育，其意义在于：首先，通识教育可以弥补目前播音主持专业人才培养的不足，能够使播音主持专业的学生树立正确的人生观、世界观和价值观；其次，通识教育能拓宽播音主持专业学生的知识体系，一方面学生能通过必修课获得和播音主持专业相关的社会科学知识，另外一方面学生可以通过选修课的方式学习自己感兴趣的知识，促进个人兴趣的发展。这种"厚基础"的人才培养方式，才能把学生培养成为具有较高综合素质的、创新型的播音主持人才。

（二）提高播音主持专业人才的职业化素养

职业化素养一词源于其他管理学科，主要指"员工在从事职业的时候，不断形成的知识技能、个人素质、个人道德修养和行为规范等"。播音员主持人是党和人民的喉舌，是媒体机构的代言人，一字一句都不是代表个人发声，因此，提高、修炼播音主持专业学生的职业化素养是让他们立于未来职场的不败之地的又一法宝。首先，认真是职业化素养最重要、也是最基础的，要想成为受人喜欢、尊敬的主持人，就要从认真开始，世界上最怕的就是认真二字。所谓认真就是告诉他们，做事应该认认真真、一丝不苟、兢兢业业。然后是敬业，敬业就是要敬重播音主持这份工作，要懂得付出越多，你才可能收获越多。由于播音主持工作的特殊性，责任感、自信心、忠诚、效率、创新等都是播音主持专业人才职业化素养养成的必要因素。融媒体时代对播音主持专业人才的职业化要求不断提高，播音主持专业毕业生只有具备了较高的职业化水平，才能够在现代化、多元化和市场化的新媒体时代拥有较强的创造力、生命力和适应力。但各高校在这方面似乎还有很长的路要走。

（三）提升播音主持人才的临场应变和即兴表达能力

临场应变能力和即兴表达能力是最能体现一个主持人的智慧、水平和综合实力的。在新媒体时代，主持人在这方面的能力优势越明显越受欢迎。首先，新媒体技术催生更多直播节目，主持好直播节目，关键在于：一靠对当期节目的准备，资料的查阅，嘉宾的了解等，二靠现场的应变和发挥。良好的现场应变和发挥建立在平时的积累、训练和前期准备的基础上。其次，当前很多大型电视节目的录制都是以准直播形式一气呵成。现场观众更是用手机对主持人的表现进行实时视频、图文直播。说是录播，实际上也是直播。主持人表现发挥得好，观众会即时在微信、微博平台发布点赞；发挥得不好，观众更会即时在微信、微博平台发布、吐槽。主持人临场应变发挥得好与差都会给节目的制作和播出带来影响。因此，在学校专业学习期间，应当多安排实训课程，尤其是直播课程，在实践中培养学生遇突发情况处变不惊，即兴表达言之有物、有理有据的能力。

（四）培养播音主持人才的个性化特点

广播电视属于大众传播媒介，但是其传播过程实际上属于人际传播。到新媒体时代，移动设备广泛用于信息采集、传播与接收，传媒业全面进入"窄播化"的发展阶段，人际传播性质越来越明显。以前接收信息的大众开始慢慢分化为小众，越来越多的节目开始为小众服务。这些节目的受众群多是有共同的爱好和需求，这就要求播音员主持人具有与节目吻合的专业储备，同时用充分应用自己个性化的表达，满足节目的受众需求。主持人通过对信息的个性化处理和传播，以独特的角度来表达信息的内在因素，服务好"窄众"也是优秀的主持人。新媒体时代，播音主持专业人才应该根据时代的要求、公众的需求、价值的导向、节目的定位，结合自身性格特质和素质加强训练培养，进行个性化的节目主持。

目前，广播电视事业已经拥有了一支非常稳定的播音主持队伍，一些传统的新闻节目主持岗位已经趋于饱和状态。目前新闻评论类的主持人、大型娱乐类节目主持人、专业性较强的节目主持人、网络节目主持人还比较匮乏，这些类型的节目主持人需要具备更强的专业知识和个性特点。例如，新闻评论类节目的主持人需要具备较高的政治素养、较强的新闻洞察力，学识渊博，思维开阔敏捷，即兴评述能力强；娱乐节目的主持人需要较强的控场能力，随机应变，活跃节目现场气愤，幽默诙谐，有较强的号召力、感染力；专业性较强的节目主持人除了具备播音主持专业能力以外，还应当具备其他的专业知识，比如高尔夫、足球、网游等节目的主持人；网络节目主持人除了具备主持人的基本素质，还要熟悉互联网的传播互动规律，熟练掌握新媒体设备的运用技术及节目所需专业知识等。当传播进入分众时代，网络节目主持人需要更多专业知识以更好地服务专业受众。因此，在新媒体时代，播音主持专业应该转变传统的教学方式和手段，关注播音主持专业学生的个性化培养。

（五）网络节目主持人的培养

目前大多数高校播音主持教学的主要方向还是针对广播和电视这样的传统媒体，并未对网络视频节目所需要的主持人进行专门的课程设置。各高校应根据传媒业态的变化，积极调整教学内容，把培养网络视频节目主持人也列入教学范围。

第一，培养熟练运用互联网技术的主持人。网络视频节目主持人"应该熟悉网络，了解网络，掌握网络技术，通晓网络运作，成为网络应用和营销方面的高手。高校在对网络主持人进行培养的时候除了播音主持专业能力，还应着重培养学生对网络技术的应用能力，这样才能在今后的工作中更加迅速地适应网络主持与传播工作，更好地与网友互动，引导社会舆论，增强传播效果。

第二，培养分众化主持人。在对网络节目主持人进行培养时应该重视这个职业的自身定位。网络节目应该比传统电视节目具有更强的针对性，电视节目老少皆宜，而网络视频节目的受众群具有其自身的特质。因此，主持人在选择节目内容、话题时应该多依据网民的意见和建议，改变过去传统媒体对于受众需求的主观的推断。高校在培养网络主持人时应当着重研究受众的需求，以此制作更多更具针对性的节目，吸引和服务目标受众。

第三，培养更具亲和力的主持人。网络视频节目多为直播类、访谈类节目、娱乐类节目，目标受众也较为年轻。在培养主持人时要提高学生的亲和力，使得学生在进入工作后善于和网民拉近心理距离，容易和网民打成一片，真正实现网络的人际化传播，更好地为网民服务。

第四，培养互动能力强、反应灵敏的主持人。网络视频节目的最大特色便是其即时互动性，所以要培养网络视频节目主持人过硬的心理素质和专业素质，以应对各种不可预料的现场。主持人需要具备机敏的临场应变能力，主动设置、把握节目的节奏进程，增强互动效果，活跃节目气氛，提升传播效力。

学校应该针对新兴的网络视听节目培养适合的主持人，在课程设置和教学中，加强学生对网络舆论的认知教育，增加新媒体技术应用和实践课程，培养提高学生的综合素质，创造更多实训机会，以满足融媒时代受众对主持人的新要求。

四、融媒体时代播音主持人才培养策略

（一）提升高校播音主持专业人才选拔的合理性

播音主持工作有其独特的魅力和吸引力，很多年轻人都愿意从事相关的工作，因此，每年都有数以万计的年轻学子报考播音主持专业，高校要怎么才能够在众多的考生中选拔出具有培养潜力的播音主持专业人才呢？

这就必须制定合理的人才选拔机制和标准。在面试过程中合理设置考试项目，以在有限的时间里对应试者进行全面的考核。除了高考成绩，还可通过在面试中加试笔试来全面考核应试者的文化素质，这样更有利于达到"综合评价、择优录取"的选拔目的。另一方面，针对播音主持专业学生扩招之后的就业前景和未来发展进行分析，主管部门可考虑适当减少对不具备播音主持专业人才培养能力的院校的招生份额，必要时可以取消一部分不具备该专业培养能力的院校招生资格。多措并举，从全局上保证播音主持专业人才的选拔标准稳中有升，以适应传媒业对该专业人才的更高要求。

（二）加强播音主持专业教师队伍的建设

"名师出高徒"一语道破了教师资源和水平对学生培养的重要性。播音主持专业是理论与实践并重的专业，教师的理论水平和实践经验都是教学中不可或缺的。因此，高校应该建立一支多元化的教师队伍，以提高播音主持专业的教学质量，保障播音主持专业人才培养的质量。一方面，可以聘请业内专家为学生授课，也可引进一批同时具有一定职称和一定理论水平的业界高手加入高校教师队伍；另一方面加强青年教师的培养，不断提高青年教师的业务能力，从而打造出一支能够促进播音主持专业有序发展的教师人才队伍。播音主持专业教师应该明确个人的主要研究方向，并且做到在主攻方向的教学中紧跟时代潮流和媒体前沿；而以实践教学为主的播音主持专业教师除了具有丰富的从业经验，还要加强自身的理论提升，不断把自身培养成实践与理论并重的双师型教师。

（三）优化播音主持专业教学体系

1. 优化播音主持专业的课程设置

合理的播音主持专业课程设置是播音主持专业人才培养的基础。课程设置的最终目的是能够使播音主持专业学生具有较强的专业技能、文化修养，能掌握不同类别节目的主持方法，并有一个明确的自己特别擅长的主持方向。所以，这类课程设置主要安排在专业主干课程结束以后。专业主干课程使学生具备扎实的播音主持基本功，并且能够认识自己的特长，确定自己专攻的节目类型或主持方向，有针对性地加强这方面文化知识的补给，主持能力的训练和提升。课程设置还应该因材施教，开设特色课程。比如，针对一些倾向于从事新闻播音主持的学生，可以为他们开设一些新闻学、社会学相关的课程；针对一些主攻娱乐类节目的学生，可以为他们开设一些文艺理论、舞蹈、表演等方面的课程；对于愿意从事专业性较强的社会科学与教育类节目的学生，鼓励他们选修其他院系的相关课程，丰富这类学生的专业知识，开拓主持视野。

2. 改进播音主持专业的教学内容

融媒体时代，不同形式的节目不断涌现，不同的播音主持方式也推陈出新。这些大量新出现的节目为播音主持专业毕业生提供了广泛的就业机会。为了能够使播音主持专业的教学与时俱进，高校应该不断地改进、优化教学内容。例如，针对新闻类播音主持的教学，应当注意转变传统的新闻播报形式，在教学内容上除了采取过去的"播新闻"的方式，还可以增加一些新闻评说类、新闻脱口秀的教学内容，并鼓励学生自主创新主持形式。对于娱乐类节目，目前较为流行的主持形式是主持人群体在舞台上共同主持节目，这种主持形式就要求既要体现群体优势，又要体现不同主持人的独特魅力，因此，在教学内容中就应该加入相关的主持技巧教学，开设相应的实训课程。高校播音主持专业应该根据新媒体时代对播音主持的实际要求不断更新教学内容，这样不仅能够增强学生学习兴趣，吸引学生注意力，同时也达到了培养适应社会所需的播音主持人才的目的。

3. 改革教学模式

首先，采取大课和小课相结合的方式。这是目前大多数院校播音专业沿用的模式，主要根据教学计划的安排，以班级和年级为单位进行大课讲授理论知识；实践练习最好以 10 名左右学生组成的小组为单位进行小课训练，可以通过教师一对一的传授进行理论知识的实践训练。大课讲授可以利用多媒体技术手段，通过视频、动画和录音等形式增加课堂的教学效果，使学生能够更好地接受理论知识。小课训练可以在舞台上和演播室进行，也可以在室外大型活动现场进行，通过教师的讲解，学生现场训练，老师现场指导，确保理论和实践紧密相连。在教学中根据学生的特点，做到因材施教，使教学效果达到最佳状态。

第二，理论与教学实践相结合。播音主持专业具有非常强的实践性，如果仅仅采用理论教学，根本无法达到教学效果。除了学校实践课程，还必须增加播音主持专业和媒体之间的沟通交流。在培养学生的过程中，要切实加强实训、专业实习、社会实践、毕业论文和毕业汇报等实践教学环节，保障各环节的实践和效果。比如每个假期针对不同的教学内容，介绍学生到电视台、电台、网媒、报社、文艺团体、传媒公司等单位实习，同时建立一定的奖励机制，对专业突出学生可选送到省外兄弟院校学习观摩，能力突出的学生可与媒体机构提前签约。播音主持专业还可以参加各类相关的主持人选拔赛、朗诵大赛、知识竞赛、辩论赛；鼓励学生参加电视台、电台和其他社会团体组织的各类专业技能大赛；高校自身也可以策划举办一些校内或校际大赛，为学生提供实践、锻炼、展示的机会和平台。总之，实践教学的目的就是为了使学生能够更加了解社会，了解媒体所需，认清自己的优势和不足，从而在学习的过程中有针对性的提升自己。

4. 紧跟媒界前沿，增开新课程

为了使播音主持专业学生适应新媒体时代不断变化的社会需求，除了对原有的教学内容进行不断完善以外，还可以根据社会需求，开设新的专业课程，比如，融媒体新闻采写、视频剪辑、编辑与评论、新媒体研究、新媒体技术等。专业课程方面，如应用主持艺术，涵盖了当今需求量较大的会议主持、婚礼司仪、单位（新闻）发言人、企业形象代言人、公关礼仪培训、城市解说员等，为学生将来的就业拓宽渠道，有效缓解紧张的就业压力。遗憾的是，全国大多院校的播音主持专业在这方面还是一项空白。只有极少数院校，紧跟传媒变化，及时做出调整。比如四川传媒学院，针对网络视听节目的兴起，开设了新媒体播音主持班，特意为学生开授新媒体理论及技能课程，着力培养互联网新媒体所需的播音员主持人。

融媒体时代受众对播音主持的要求不断提高，播音主持专业的发展还需要经历一个全新而漫长的过程，开办播音主持专业的高校应该不断地发挥自身传统优势，严格选拔标准，更新教学体系，紧跟媒介前沿，培养出符合时代需求的优秀播音主持人才，推动我国传媒事业不断发展。

第六章　融媒时代广告策划人才培养

第一节　广告策划概述

一、广告策划与营销的概念

(一) 广告策划的内涵

广告策划是商品经济发展的必然结果, 也是现代广告活动科学化、规范化的标志。目前, 广告策划思想已受到国际广告界的高度重视, 并且在世界各地迅速掀起了一股广告策划的热潮。

一个完整的广告策划, 基本上都包括策划者、策划依据、策划对象、策划方案和策划效果评估五大要素。

1. 策划者

策划者即广告作者, 是广告策划活动的中枢和神经, 在广告策划过程中起着 "智囊" 的作用。广告策划者必须知识广博, 思维敏捷, 想象丰富, 并且知晓市场, 谙熟营销, 具有创新精神。广告大师詹姆斯·韦伯·扬在

《怎样成为广告人》一书中说："广告策划者的特质包括拨动知觉和心弦、训练有索的直觉和最正常的常识像冒险者一样具备创意的商业想象力。"策划者的素质直接影响广告策划成果的质量和水平。

2. 策划依据

策划依据是指策划者必须拥有的信息和知识。策划依据一般包括两大部分，其一是策划者的知识结构和信息储存量，这是进行科学策划的基本依据；其二是有关策划对象的专业信息，比如企业现状、产品特性、市场状况、广告投入等，这些信息是进行策划活动的重要依据。

3. 策划对象

策划对象是指广告主或所要宣传的商品或服务。策划对象决定着广告策划的类型，以广告主为对象的广告策划属于企业形象广告策划，以某一商品或服务为对象的广告策划为商品销售广告策划。

4. 策划方案

策划方案是策划者为实现策划目标，针对策划对象而设计创意的一套策略、方法和步骤。策划方案必须具有指导性、创造性、可行性、操作性和针对性。

5. 策划效果

评估策划效果是对实施策划方案可能产生的效果进行预先的判断和评估，据此可以评判广告策划活动的成功与失败。广告策划的五大要素相互影响、相互制约，构成一个完整且系统的有机体系。

三、广告策划的发展现状

（一）国内广告策划发展现状

1. 广告的媒介类型日益多样化

传统的电视、报纸、杂志、广播、户外广告等传播产品的媒介，传播信息过程很慢，有效到达率也不高，随着科技的进步，手机、移动电视、博客、微信、微博等新媒体迅速崛起，广告策划可以精准地对准目标群体更快的送达。对 2014 年企业广告市场的调查数据分析发现，中国广告整体市场在 2014 年依旧保持增长，新媒体的广告策划投放增速显著，相反的是传统广告市场的投入却下降了，其中电视广告的总费用也首次出现停滞，报纸广告的投放进一步下滑。企业的广告策划开始注重与媒介资源的整合利用，在以微信红包为载体的 2015 年羊年春晚中，把电视与移动客户端连在一起，全国的观众可以实时互动，达到了全民参与的新高度，企业也借助微信红包让更多的消费者关注了自己，对企业有了初步的了解。广告策划塑造企业或品牌的形象，媒介选择和组合的把握则决定了传播的效果。随着新兴媒体的发展，企业对于广告媒介的选择也越来越宽，媒介资源进行整合投放，了解目标客户的喜好和行为，从而选择适合企业最优方案的媒介组合。

2. 广告策划中注入情感

目前阶段大多数的消费者是属于感性消费，企业借助消费者的情感创造产品差异化，激起消费者内心深处细小的涟漪，让品牌在消费者心中有自己独特的定位，牵动消费者的心理情感那根弦。目前这类广告策划运用较多的是日常生活消费品，消费者的日常生活有很多可以把握的细节，产品策划抓住受众的情感世界，很容易触动目标消费者的内心。现在的知名品牌雕牌洗衣粉是这类广告很突出的代表，在策划中抓住中国人都崇尚的孝道和感恩，懂事的小女孩心痛妈妈自己开始做家务，同时很听妈妈的话在广告中将雕牌洗衣粉只放一点点就可以。这一细节成功地抓住受众的心理，加上环境氛围的陪衬，很容易让消费者接受，且心底涌起异样的感动。企业在使用情感类的广告策划时把握受众的心理，有分寸的情感类的广告策划是很容易被快速接受的。这也是适当地给品牌注入人文情感，增加品牌的好感度。

3. 大多知名品牌运用冠名植入式广告

对 2014 年广告数据的结果分析发现，多数的企业表示要继续增加冠名植入品牌广告的支出费用，这和冠名植入带给企业的丰厚的回报是分不开的。产品越来越多，选择困难综合症也开始困扰消费者，企业开始寻求突破，把眼光瞄准热播电视剧或者大型的综艺以及晚会的冠名植入，让明星真实的带动产品的宣传，让消费者在不知不觉中接触到产品，受到影响并在日常购买时会主动地联想到产品。拿娃哈哈营养快线冠名植入《中国好歌曲》来说，在节目播出期间其销量明显上涨，同品牌的其他饮料产品同期的销售也很不错。由于冠名植入式广告中产品或品牌出现的时间短、速度快，受众是为了欣赏所看的节目，并非有意识地去关注植入的广告，所以目前利用这种策略的大多是知名品牌，直接让消费者回忆品牌的印象，提升品牌的曝光率，展现其活力刺激消费者产生购买欲。

（二）国外广告策划发展现状

美国是世界广告产业最发达的国家，目前占全球广告市场份额的 36%。近年来，美国网络广告产业迅猛发展，网络已经成为美国第一大广告媒体。分析美国网络广告产业发展的现状与趋势，无疑对快速成长中的中国网络广告产业具有重要的借鉴意义和启示价值。

1. 网络广告产业持续增长

近年来，美国网络广告产业快速发展。2005 - 2014 年十年间，美国网络广告年均增长率为 17%，而同期美国 GDP 的年均增长率为 3%。2010 - 2014 年，移动网络广告的年均增长速度为 110%，非移动网络广告的年均增长速度为 10%。

2010 年以来，美国网络广告每年的营业收入均超过其他媒介，并且网络广告保持了两位数的高速增长，没有其他传统媒介广告营业收入增长超过两位数。除有线电视广告保持一定增长外，报纸广告、杂志广告均出现下滑，尤其是报纸广告收入出现较大幅度的下降，广播广告的收入增长幅度相对比较平稳。

2. 社交媒体广告蕴含巨大潜量

2017 年上半年，美国社交媒体广告支出总额 95 亿美元，同比增长37%，而网络广告增长率是 22.6%。社交媒体占网络广告支出的 1/4 (23.7%)。数字音频广告支出的规模较小，但是增长更快。2017 年上半年这种广告的收入同比增长 42%，达到 6.03 亿美元，移动端占大部分 (74%)。

3. 视频广告与移动广告的发展

2017 年上半年，PC 视频广告占网络广告预算比例增长 1%，达到 14%；移动端视频广告占预算比例增长 2 个百分点，达到 12%。虽然视频占 PC 端广告支出份额比移动端更高，但是移动广告支出总额更高。因此，PC 端和移动端视频广告支出持平，分别在 26 亿美元左右。

非移动搜索广告、旗帜广告和分类广告营业收入市场份额降低，主要原因在于移动广告市场的快速成长。

(三) 国内媒体广告发展现状

近年来，互联网媒体凭借其海量信息、交互性、参与性等优势成为新的主流媒体，影响力越来越大。移动互联网发展迅速，网络受众不断向移动端集中，移动端的广告投入不断增长，2016 年移动广告市场规模达到1750.2 亿元，同比增长率为 75.4%。移动广告的整体市场增速远远高于网络广告市场增速。未来几年，移动端将取代 PC 端，成为广告主进行数字营销的主要阵地。

以央视与腾讯广告收入为例，近年来媒体竞争加剧，新兴媒体广告优势进一步增强，广告市场变化发生深刻变化。2018 年 3 月 21 日，腾讯公布截至 2017 年 12 月 31 日的全年综合业绩。财报显示，2017 年腾讯全年收入人民币 2，377.60 亿元，比去年同期增长 56%。社交及其他广告全年收入达 256.1 亿元，第四季度收入同比增长 68%。

而总局财务司的数据显示，2017 广播电视广告收入稳中趋降，总收入 1518.75 亿元，同比下降 1.84%，这是近年来广播电视广告收入首次负增长。尽管 2017 年下半年广播电视广告收入比 2016 年同期增长 2.57%，但是否是止跌回稳的信号仍有待观察。

如今，新兴的数字传播技术使广告传播生态发生巨变。企业在新媒体传播方面的需求越来越大，可是真正能熟练运用新媒体技能、熟悉新媒体运作的品牌传播人才严重不足。如借势营销、热点跟踪、话题制造、程序化购买、原生广告运作等都需要大量既有新媒体敏感力且懂操作，又有广告传播理论基础及创意策划能力的应用型广告人才，这必将成为广告人才培养的重点。

三、国内广告策划与营销存在的问题

（一）自我定位不准确，忽视形象塑造

广告策划的过程不去做好事前的消费者需求的市场调查，忽视消费者的心理诉求，一味地希望在有限的广告时间里眉毛胡子一把抓，把所有都想告诉受众，让消费者不知道该抓哪个才是重点，策划对于品牌的广告传播没有发挥出应有的作用。产品能否引起消费者购买行为的产生，要看广告策划传达出来的定位是否满足了目标对象的需求。在现在品牌消费的时代，消费者购买商品不仅仅是对产品功能和价格的选择，也是对企业文化、

服务水平以及品牌价值的选择，企业品牌形象的定位是否精准符合需求，决定了受众对产品的认同。企业应该围绕同一个主题定位不断地强化企业产品的诉求，以此来提升我们企业或产品的形象。我国目前大多数的广告策划不能把目标市场细分化，不能合理的给自己的产品找到卖点，只是简单的一味去投入广告策划宣传，通过广告策划想把产品卖给所有人，是不能精准地告诉消费者本品牌产品的与众不同的。

（二）情感策划与企业品牌价值及形象不符

现在一些广告只顾情感的表达，整个广告策划的情感表达和产品诉求点关联不大甚至毫无关联，受众看完之后内心感动不已可是不知道广告要说的是什么，仅仅以为看了个故事。广告策划理应依据情感的诉求建立消费者对产品价值和品牌的认知，借机进一步的建立高价值高品质的品牌印象，让消费者产生购买的行为。现代企业的市场竞争成为品牌的较量，企业借机打出感情牌是不错的策略，但是不去做好市场前期的调研，不和自己的产品实际形象结合，贸然的跟随大众化的趋势投放情感类的广告策划，不一定可以帮助企业品牌形象更上一层。目前的广告策划中很大一部分的策划都很粗糙，十分吸引人的氛围场景，以亲情或友情或爱情的主题，突然就蹦出来的广告产品，受众或许会触动，但是仅仅是被故事感动，而不是对产品产生好感。广告的情感策划是攻消费者的心，需要企业的品牌价值文化和形象的一致表达。广告不仅要满足消费者情感上的强烈共鸣，还要让产品能真正打动消费者的心弦。

（三）缺乏好的创意，很难成功地塑造品牌

在国内实际投放市场的广告中，广告创意几乎缺失，恶俗广告泛滥，广告倾向大众化、类型化、重复化，只注意单方面强硬的推销，不注意对消费者的人文关怀和消费者的双向沟通，忽略广告创意独特性等问题，很难塑造成功的品牌。广告策划没有把定位和独特的艺术结合起来，几乎都是一针见血地指出产品很好，形式上很普通，广告语也毫无新意，没有可以传播的噱头。在信息爆炸的时代，这样的广告策划没有趣味性，很容易淹没在庞大的信息海洋，根本没办法让消费者记住自己的产品，达不到企业塑造产品品牌的希望。广告策划创意要洞悉消费者的心理，了解消费者乐于接受的观念和形象文化元素，以目标受众欣赏的角色展现，一针见血的抓住消费者的眼球，塑造出独特的企业成功品牌形象。

第二节 融媒时代广告策划人才需求现状

广告行业是一个紧紧依附于媒体的行业。在过去广告活动一直围绕传统媒体展开，广告投放平台习惯性地首选传统媒体。然而目前融媒体广告的地位扶摇直上，日益显著，其投放成本较传统媒体低廉并且在功能上可以满足用户的更多需求，用户数量呈现爆炸式增长的趋势。可以说，媒体融合为广告提供了一个前景广阔的平台，广告主近年来纷纷把投放平台转向多元化的新媒体平台。

融媒体时代在颠覆传统广告内涵、格局的同时，也给高校的广告学专业教育带来了挑战，对广告人才的培养提出了新的要求。搜索最新的广告人才招聘公告，可以发现现在广告公司除了招聘广告文案、广告设计、广告营销等人才外，还急需大量的手机媒体运营、H5设计、微信公众号管理运营、电商广告营销与策划等新媒体广告人才。

融媒体改变了原有的媒介生态环境并创造了新的传播方式，那么在这样的新环境下，广告行业人才需要具备哪些素质？

一、具备广告运营专业基础

在媒体融合的环境下，广告人才既要有传统广告人的内涵又要有新型广告人的活跃，在熟悉新媒体技术实践应用的同时还应具备强大的理论知识作为基础。在校期间要适应开放式的学习方式，摒弃封闭式的灌输模式。与老师多沟通，多交流；充分利用学校图书资源，查漏补缺，广泛涉猎；要丰富生活，善于观察，并培养兴趣；关注研究行业最新成功案例。学校层面可以搭建与业界的合作交流平台，为学生提供了解业界的机会，并争取去业界实习锻炼，组织学生参与广告设计大赛等，在学中做，在做中知不足。

二、具备互联网思维

如今新媒体已经晋级成为广告投放的主要平台之一，懂新媒体的人才便成为广告界大受追捧的对象，但实际上，这方面的人才还十分稀缺。新媒体广告有其独特的特点，如互动性、精准性、多样性等，它与传统广告有很大差别。如今再用传统广告的思维运作显然是行不通的，这就需要广告人才具备互联网思维、懂用户体验、懂互动交流、懂大数据分析运用。另外，新环境对用户行为、用户心理上的一些改变更是需要广告策划者对其进行重新分析与研究。现实中真正懂新媒体又懂广告的人才十分稀缺，这正是高校广告策划人才培养的机遇。

三、熟悉各项技术操作

媒体融合是科技发展的产物，技术是支持媒体融合不断向前发展的支撑体系，所以融媒体环境下广告人要具备相应的技术操作能力。当然对广告专业的学生不能像对计算机专业学生一样要求其达到很高的计算机应用技术水平，但对计算机操作、软件运用、新型网络应用技术如数据挖掘分析等要有一定程度的了解和掌握。未来广告人才要把新媒体技术很好地融入广告活动中，使得广告与媒体融合之间实现完美的结合，顺应广告行业的发展方向。倘若我们培养的学生掌握的技能仍旧停留在传统媒体广告运作的理论知识层面，而缺乏对新媒体技术的应用能力，这样的学生，未入行就已被淘汰。

拥有"一技之长"的同时还需要"多才多艺"。融媒体时代需要传媒人才具备整合传播的策划能力。既要擅长融合产品多形式内容生产，又要精通各种介质的融合分发。既熟悉了解新闻采写编评推送流程，又具备运营策划能力，这样的广告人才更能很好地运用各种资源，完成广告策划与运营。

四、具有复合型创新能力

创新一直都是广告行业的灵魂，特别是在新媒体语境下，广告公司对人才创新能力的要求更是多方面的。新媒体，新事物，我们对它的了解和应用有很大一部分处于未知状态，所以广告人可以大胆去创新、创造。而媒体融合给广告提供的资源更多，可开发利用的价值更大，创新不仅局限于传统广告的内容创新、设计创新，技术创新也是很重要的创新方式。比如一些户外的互动创意广告大大突破了传统的广告活动模式，这正是新媒体广告的发展方向。因此，拥有复合型创新能力的人才是目前绝大多数广告公司和媒体青睐的对象。

第三节　融媒时代广告策划人才培养

一、融媒时代广告策划人才的培养现状

传统的广告策划与运营课程教学偏重于原理的讲授，学生实践相对匮乏，教学效果与社会需求脱节。在建设应用型本科高校的背景下，如何提高课程教学效果，全面提升学生策划创意的能力与素质，是该课程急需解决的重要问题。

广告策划与运营的相关课程主要培养广告创作方向学生的策划与创意核心能力，支撑学生专业发展的方向定位，对提高学生综合素养和专业可持续发展潜力具有重要意义。在课程衔接上，学生已经学习了广告学、传播学、视听语言、摄影摄像艺术、电视编辑等课程，了解了广告的基本运作流程，掌握了广告原理、信息传播方法与技巧等知识和技能，这为广告策划与创意课程学习提供了理论和实践基础；同时，课程也为平面广告创作、影视广告创作等后续课程学习提供了理论和实践支撑。

（一）人才培养现状

1. 理论教学大于实践教学的培养方式

很多广告专业的教育还是："以课堂教师讲授为主的教学模式，教师传授专业的理论知识，忽视了学生实践能力的培养。"注重理论教学，缺乏与广告界的融合，让学生的实践基地单一。广告专业是一门应用性极强的专业，亲身实践是学习专业知识的主要步骤之一，从而能够提升学生的动手

能力，但是由于学习上课的时间有限制，有些实践课程没有办法进行，就算进行实践课程，也只是在初级阶段，不能进行深入的实践课程学习，另外，实践课程学习需要建立培训基地以及硬件设施的建设，很多高校因为条件限制，无法进行实践课程的教学。

2. 理论课程体系陈旧，课程体系设置不当

许多高校的广告学相关知识的更新慢于广告业界的发展，课程的设置是当下广告业界的发展，用这种循环方式培养广告人才，所以学生只能适宜前几年的广告市场。传统的广告人才培养的课程设置主要是平面广告制作、广告文案的写作，而创新型广告人才的培养应该和广告整体的经营相贯通，应该包含：市场调研、广告摄像与摄影、多媒体广告制作、广告效果评介等课程，高校的广告专业要与市场需求为向导。科学进行课程设置的改革，更新广告专业课程，另外，广告专业课程的开课时间多少比较靠后，公共基础课程数量大，在校学生前两年的课程普遍是公共基础课和英语课，这不利于广告人才的发展。

3. 应试型培养方式为主，应用型培养方式为辅

目前一些高校的培养方式由传统方式向应用型人才的培养模式过渡，但是大部分的高校培养模式还是以应试为主，学生学习还是以应付考试为主，英语、计算机以及专业课的考试，因为担心考试不及格，所以学生为了通过考试对理论知识死记硬背，没有意识到实践的重要。

(二) 高校广告教学课程存在的问题

1. 教学目标随意含糊

在目前高校的广告策划课程中所设定的教学目标较为随意，缺乏对职业能力的足够重视；缺乏深入的市场调研，与专业人才培养目标、岗位创新能力要求及当前社会经济发展需要相脱节。在具体表述上含混不清，流

于形式。

2. 教学内容陈旧重复

目前，部分高校的广告策划课程在内容体系上忽视了应用性，不能有效结合企业营销环境及市场运作规律进行教学，所选案例陈旧老套，造成学生缺乏学习热情，丧失对《广告策划》的兴趣，教学效果可想而知。在教学内容组织上，不能根据课程特征和高职学生的特点进行内容的重构和取舍，某些教学内容与相关的营销策划课程重复，缺乏对学生知识结构的构建，造成学生思考分析问题的视野狭隘。

3. 教学方法守旧枯燥

广告策划课程的实践性和创新性要求课堂教学方法多样创新，才能更好地激发学生的学习动机，掌握广告策划的精髓。目前高校广告策划课程的教学方法主要为案例教学法和任务教学法。但由于案例是以教师分析为主，学生参与为辅，不能有效启发学生独立思考问题分析问题，加之所选案例过于陈旧，与实际市场环境相脱节，教学效果不好。部分高校提倡任务驱动教学法，但在具体设计上，由于所选任务与现实情境差距过大，且缺乏有效的引导，往往达不到预期的效果。

4. 教学评价片面单一

目前高校对广告策划课程的评价多以传统的终结性评价为主。终结性评价只能是对学生在广告策划学习上的一个交代，并不能反映学生在整个学习过程中的表现，也不能反映学生策略、态度、技能等方面发展的动态变化。因此，终结性评价方式并不适合广告策划课程，不利于激励学生学习思考，增强成就感和自信心。

以上这些问题都制约了学生广告策划综合能力的培养。鉴于以上在广告策划课程教学中出现的问题，正确评估当前市场营销行业对广告策划职业能力的具体要求，重新审视课程教学目标，优化整合教学内容，探索改革教学方法和教学评价，从而形成面向广告策划综合职业能力培养的市场营销专业广告策划课程的教学模式，将有助于提高市场营销专业学生的广告策划综合应用能力，改变目前高校广告人才培养与行业企业脱轨的现状，提高学生就业率。

二、我国高校的广告策划教育的改革策略

（一）广告策划课程教学改革与创新

通过前期对媒体广告部门和传媒公司的调研、毕业生跟踪反馈、行业专家座谈等多种方式，一些传媒学院把握了专业岗位对"广告策划与创意"课程教学的需求，同时研究同类高校该课程的教学目标、教学内容、教学方法与考核方式、教学效果等现状，发现目前很多高校该课程教学效果与行业企业广告策划创意岗位的工作需求脱节。故广告策划课程应明确以工作过程系统化为导向的课程开发与建设思路。

1. 基于岗位工作要求确定课程

首先，明确该课程教学总目标是培养具有良好的职业道德和职业素养，具有广告策划与创意的基本理论知识、实战能力和创新思维的高素质应用型人才。

其次，围绕"知识、能力、素质"结构，细化课程培养规格，制定具体的课程目标。要帮助学生了解行业现状和广告策划创意的新方法，熟悉广告策划与创意的内容与程序，掌握广告基本策略及创意表现技巧。培养学生的营销环境分析能力、广告策略制定能力、广告创意及文案脚本写作能力、广告媒介发布能力、广告策划书撰写与提案能力。通过学习，学生在系统掌握该课程基础知识、基本理论的前提下，应获得较好的广告策划与创意的实践能力和创新能力，成为理论基础扎实、实践能力突出、职业

素质过硬的应用型、创新型人才。

再次，根据广告策划创意岗位工作要求，本课程教学应系统梳理广告策划与创意的理论及方法，一方面从理论角度，通过经典个案的研究剖析，总结广告策划与创意的实践经验，把握广告策划的内涵、运作流程和广告创意的内涵、方法等，另一方面，从实践的角度，通过模拟广告公司的广告策划与创意实战，锻炼学生的获取和分析信息、团队合作和沟通、创新思维等能力和素质。

2. 基于工作过程构建课程教学内容

应用型本科高校的课程开发与建设，要求课程教学内容理论与实践紧密结合，及时引入行业的新知识和新技能，凸显实践性和应用性。

首先，重构课程教学内容。

目前，各高校经常使用的教材有蒋旭峰、杜骏飞主编的《广告策划与创意》，余明阳、陈先红主编的《广告策划创意学》，饶德江编著的《广告策划与创意》等。这些教材具有较强的理论深度，但并不太适用应用型本科高校的课程教学。

为符合行业企业岗位用人需求、培养学生实践应用能力，该课程对传统的教学内容进行重新梳理，以学生的能力和素质培养为核心，以岗位任务为依据，以实际工作过程为导向，构建符合学生认知规律的教学内容，创建基于工作过程的学习情境，共设8个教学情境：组建广告策划团队、市场调研与分析、广告的基本策略、广告的诉求策略、广告创意策略、广告媒介策略、广告策划书的撰写与提案、广告的执行与评估。通过这8个教学情境的理论学习和实践锻炼，使学生能真实体验广告策划创意工作的全过程，使其实践能力、创新思维和职业素养得以锻炼和提升。

第二，开发课程教学资源。

广告策划课程传统课堂教学往往是教师"满堂灌"，偏重理论讲授，讲解时会有个别案例分析，但案例往往是一个个的小例子，且较为陈旧，教学资源相对匮乏，缺少鲜活的、全面系统完整的案例资源。传统课堂教学往往无法调动学生学习的积极性和主动性，也无法真正培养学生思考问题、分析问题、解决问题的能力和创新思维。丰富系统的教学资源是课程教学改革的前提和保障。为彻底改革课堂教学，提升学生学习的兴趣，任课教师依据行业企业对广告策划创意人才知识、能力、素质的需求，从教学基本资源和拓展资源两大层面进行课程教学资源的整合。

同时，为更好地服务教与学，任课教师精心设计课程资源开发网站，通过课程概况、每一教学模块的核心资源、拓展资源、项目实训、互动交流平台等五大部分呈现教学资源。为构建自主探究和协作的学习环境，教师积极引导学生课前、课中、课后充分利用课程资源网站，将课程网站打造成师生互动、生生互动、学习交流的平台。

广告策划课程采用校企合作、校校合作、师生合作等多种方式有序地开发教学资源，不断优化课程教学内容。企业真实项目和案例资源的引人，极大地调动了学生参与课堂和课后讨论的积极性，师生互动使得课堂气氛活跃，学生学习效果明显提升。

3. 基于项目驱动改革课程教学方法

广告策划课程一般是针对广播电视编导专业广告创作方向三年级第一学期的学生开设。他们已掌握一定的广告基本知识和基础技能，但系统的广告策划创意理论缺乏，综合策划实战能力有待培养。他们有紧迫感，学习愿望强，但自主学习能力还需提高。他们对传统讲授式、灌输式课堂教学没有兴趣，喜欢讨论式、启发式、参与式教学，对实践和应用有极大热情。

应用型人才培养需要教师对传统的以教师为中心单向传授知识的课堂教学方法进行合理的调整，树立以学生为中心的教育理念，注重教与学的互动。依据教学内容特点和学生学习特征，课程以课程资源网站建设为抓手，采用"以学生为主体、以能力为本位、以任务为驱动"的工作过程导向教学形式，通过案例教学、项目教学等方式，达到"学、教、练、评"一体化，推进课程教学与学生能力素质培养的紧密对接。

该课程教学过程注意灵活运用案例教学，启发引导学生分析、讨论；采用工作过程导向的项目教学，以团队协作、任务驱动的方式，通过设计工作情景，从项目（企业项目、大赛项目）的确立、调查、策划、创意，到策划书的完成及提案，让学生体验广告策划创意的全过程。

通过改革教学方法，变单向灌输为师生双向互动，突出学生主体地位，促进学生个性发展，增强学生的实践动手能力、社会适应性和社会竞争力。

4. 基于能力与素养考核创新课程考核评价方式

课程采用以能力与素质考核为核心，实行目标考核与过程考核相结合、个人考核与团队考核相结合的多元考核方式，并重视对考核结果的分析与反馈。

个人平时学习情况考核。不同学生在知识、能力起点和学习态度等方面有自身的特点，知识积累、能力提高不会一蹴而就，教学中要因材施教，关注学生平时学习过程，要对学生个人平时学习态度、实训表现、知识理解与掌握情况、能力培养与提高情况等进行考核，不断激发其学习积极性、主动性。

以项目分小组进行考核。教学中以小组为单位推进项目教学，项目结束时，教师根据小组任务完成情况及汇报情况，重点对学生团队合作意识和发现问题、分析问题、解决问题的能力等进行综合成绩评定，小组成绩即小组成员个人的成绩。

作品竞赛考核。在教学过程中适时地引入业界真实项目、大赛项目进行实训，提高学生参与学习的积极性，增强学生的实践能力和社会适用性。

课程考核时会将学生参加校级以上广告创作竞赛情况等作为加分项予以奖励。

展示提案答辩考核。该课程采用广告提案会、作品展示、课程答辩的形式，并通过小组自评、生生互评、教师评价等方式，对学生的项目分析能力、综合策划能力、创造性思维能力、语言表达能力及综合素质进行考核。

（二）广告策划与运营课程改革实施的保证措施

近年来，各级各类广告专业竞赛的参与面与获奖比例逐步提高。为进一步推动课程建设，需要从以下方面着手保障教学改革的实施效果。

1. 校企合作共建"双师型"教学团队

通过采取校内教师到业界顶岗锻炼、业界专家到校内指导学生实践等方式，校企合作共建"双师型"教学团队。只有拥有了实践经验丰富、业务能力精湛的"双师型"教师，才能对学生的实践训练给予正确的指导和精准的示范，才能不断优化教学内容以适应专业岗位的需求，才能灵活运用多样化的教学方法与考核方式以满足学生能力和素质培养的需求，保证教学质量。

2. 校企合作共同开发并合理有效利用课程资源

由"教"转向"学"的课程教学改革需要课程资源开发与建设作为支撑，需要校企合作共同推动信息化课程建设。该课程将继续以工作过程系统化为导向开发课程资源，监控课程资源的有效利用，推动"学教做一体化"教学改革。

3. 突破教学时空限制，建立校企合作的开放式教学模式

依托校企合作发展联盟，推行校企合作育人，打破封闭教学空间，形成教师到媒体企业顶岗，业界专业人士进入课堂，学生不间断到媒体企业

实训的良性循环。

4. 借鉴国外先进经验

在培养广告人才方面，同样具有东方色彩又深受西方影响的邻国日本值得我们学习。日本是仅次于美国的第二广告发展大国，但日本大学并没有设立广告学专业，而是采用联合办学的方式，实行"大学广告讲座与广告公司培训教育"并行的广告教育模式。日本拥有规模庞大、种类繁多的广告学术研究团体和行业组织，如广告行业类、广告审核与伦理类、国际类、媒体类、技术类协会等。日本高校会定期邀请经验丰富的广告业界精英在校内举办专业讲座，讲授广告理论知识，介绍广告业全球化发展现状，进行实践练习与情景模拟。

日本高校这种广告学人才培养模式一定程度上避免了学校单方面培养导致学生脱离实际、实践能力不强的缺陷。陈培爱教授在广告教育年会中谈到中国广告教育的国际化，"大学教育的国际化是指大学在讲授、学习、研究、服务和管理方面的开放性、交流性和通用性"，中国高校广告教学应该是国际化、多元化的"。我国高校可以在一定程度上借鉴日本高校广告学人才培养模式，重视开放性、交流性、实践性，让学生接触行业一线具有国际化工作经验的优秀工作者，了解当前广告业国际化发展现状，参与到广告行业的实际操作流程中，为进入广告公司等相关单位工作、适应行业互联网化、全球化、国际化发展做准备。

以工作过程系统化为导向进行广告策划课程教学改革，符合当前经济社会发展对人才培养提出的新要求，符合当前高等教育的改革方向；通过课程教学的改革实践，可以激发学生浓厚的学习热情，建立良好的团队协作意识，增加应对实际问题的敏锐洞察力、分析力与执行力；学生获得的知识、能力和素质更能满足实际工作的需要，为培养适应社会需要、实践能力强、职业素养高、具备创新精神的高素质应用型广告人才奠定良好的基础。

三、融媒时代广告策划人才的培养

(一) 融媒体环境下的高校广告人才培养

1. 高校创新型广告人才培养的理论基础

(1) 泛在学习理论

泛在学习 (Ubiquitous) 是指:"利用计算机技术和通信技术为学习者进行 3A (Anywhere、Anytime、Anydevice) 学习提供物质保障与创造学习环境。泛在学习的核心就是学习的人,在还原现实场景的基础上,借助方便的智能终端设施,能够在不同时间和不同地点进行所需求的自由学习的方法。这种学习增强了学习辅助工具的效果,这样就能够让学习的人更加方便地利用不同方式进行学习,可以促进学习的人对于学习工作和目的最终完成。"

泛在学习的学习工具具有方便携带和高度的灵敏性,学习当中所需要的资料容易获得并且资源丰富,学习对象的普遍性,学习成果反馈的及时性和相互性,学习成果成效性,学习流程的风格化和一致化的这些特征。这种学习方式也大大消除了在时间、方法、内容等对于学生的局限,这样学生就可以有一种放松、自主的氛围,学生可以基于在现实中的状况安排学习的流程和需求,大大促进了学生对于学习的主动性,把学生学习的方式从一种被动的学习转化成为一种自主的方式。

泛在学习的这种学习方式在满足学生自发学习和协作学习的流程中弱化了老师对于学生的作用和影响,让学生能够在更广阔的学习空间中能够拓展自我,而且在这种程度上老师身份和职位产生了变化。在课下的关于学习资料的搜集、课件的使用和完善,这样的创新需求要求老师一定要提升自己的素养、翻新教育观念,为学习者最高效率的学习提供合理化的学习材料，为学生的自主学习提供全方位的保证，这样才能最大限度的让教育质量的提升变为现实。

（2）创新教育理论

创新教学的目标就是让同学们对于新事物的发现能力得到提升，开发学生的创新潜质，能够培养同学们对形成新事物发现的意识、理论、思维、能力等，提高学习创新能力的教学手段。创新意识是对发现新生事物的主动性与灵活性一种诠释，能够主动地找到问题，并且针对这些问题用一些创新的方式来解决。创造新事物的理论说的是："精通自身学科的基础知识和相邻学科的理论知识，把这些理论知识结合起来，能够全方面的运用。"对于发现新事物的思维说的是对发现的事物进行全方位思考，要以单独性、严密性、预见性为保证，找到、分析并且把问题解决。创造新事物的能力说的是在现实的工作中所具备的动手操控能力、交流能力、小组合作能力等解决问题的基础素质。

对于创新教学的重点是把学生当作教学的重心，遵循人才的进步轨迹。在现实的教育过程里面一定要保证的就是民主的原则、保持独特性原则、可操作性原则、差别性原则、探究性原则等，运用一些方式例如讨论的方式、实践活动的方式、逆向思维方式、情景重现方式来开拓学生的创造性思维，用这样的方式来让学生的思维开阔，从而提高创新能力。创新能力的教育能否获得成果取决于教育自身是否有着创新的突破。

创新能力的教育不仅仅是向学生传播一些有关创新的理论，或者是提高学生的创新水平，这也是一个系统的课改过程。在这个课改的过程中要转化教育学习的观念、创建学生与老师之间平等的关系、改革教学模式、改善教材内容、提升老师本身的创新水平、开展多种课后活动，为高等学校学生的多方面发展提供合理的教育氛围。

2. 高校创新型广告人才培养目标与教育理念

从基本上来讲，广告教育的现状和未来发展导向在很大程度上依赖于广告教育理论。出现了什么样的广告教育观念在一定层次上会决定广告教育所展现的基础情况和基础特性。所以说："要建设把创新型当作重心的广告人才培育方式，一定要改变过于注重技术的培养和理论知识的传统教学观念。"创新型广告教育的观念和人才培养的目的，包含了人才多样化的进步，个人性格得到了没有约束的释放，从科学实践中出发，适用于社会创新型广告人才等。所以说创新型广告人才要的就是一种具有创造新鲜事物的思维、精神、能力而获取一定创新效果的人才。

总体上来讲，第一，创新型广告人才的出发点是以人为核心的多方面的发展。创新的思维、精神和水平不是幻想出来的，也不是自己发展的，这与人才的培养以及人才的素养有着紧密的关联。在这个方面来说："创新型广告人才应该是一种全方位发展的人才，在有着扎实的基础知识之外，还要有高度的创新能力、思维、精神。"第二，学生的个性得到没有约束的释放是创新型人才进步的首要条件。高等学校想要培养出创新型的广告人才，就一定要让这些人才先成为一个自由、独立的人，不可以是一个保守的只沿着一定模式发展的人。即便不可以说个性没有约束的释放就有创新性了，就是创新型广告人才了，但是人的性格得到约束的话，也就不可能出现这类广告创新人才。从这个层面上来说，创新型的广告人才必须要具有独立的性格，个性没有约束。第三，现如今社会创新型广告人才，是以实际生活出发，还必须满足：专业知识专业素养要全方面地满足制作广告的需求；以创造性思维为核心来释放个性。

3. 高校创新型广告人才培养特点与基本要求

（1）创新性

要立足于符合事实的广告教学的理念，把创新型教学当做广告教学的主要目标。创新的思维、精神和水平也是现代社会优秀的创新型人才最重要的品质，能否培育出这样的人才，已经变成了现如今高等学校地位和水平的最重要的准则。人的性格特点和兴趣的培育是创新型人才的重心。现今社会是一个尊重个性的解放，以人为核心的社会。因此，广告的教学把："人当作核心，借助教学创新，建设创新型教学体制，创造有益于个性发挥、让个性得以完全释放的放松氛围和广泛的空间，培育出对社会有价值的广告创新型人才。"将人文素质和理性的科学思想融为一体，增强学生整体素养的培育。培育创新型广告人才的重中之重是专业的素养教育。对于广告专业学习所需求的素养包含："具有一定水平的市场判断能力、坚韧不拔的精神、积极主动的性格、良好的人际交往能力、突出的对于美的欣赏水平、与小组配合的能力、管理和分配能力等等。"现如今的高等学校不单单要教给学生们知识，更应该让学生有思想、灵魂、素质、信条等，让学生有着经济和社会的双重价值。而且我们更加要注意理论教学和精神教学两者一同存在，前者是后者的载体，后者是前者的中心，没有理论支持的教学，就不能够说是精神的传递，具备了人文和科学的理论，不能证明就有了人文和科学的双重精神。假如教学不传播精神，那么培育出来的学生也就只能算是一种工具。

（2）探究性

和硕士生比较本科学生把科学的研讨当作课业的核心还比较困难，但借助一些讨论方式参与上课的学习和课下的指导，能够促进本科生对于科学探究的进程，培育学生多角度形成创造新事物的能力。对广告学的学生来讲，把研讨性地学习文化知识的方式当成习惯，可以为以后的学习打下基石。首先是："创建新媒体的教室，可以让同学们处理视频短片、广告动画等等内容，能够实现艺术和技术的相互贯通。"二是高等学校在课下时间可以组织一些探究活动，这种活动能够让广告学的同学们发挥自己的专业特长，让自己在课堂上学习的理论知识在项目中得到应有的发挥，学以致用。目的是深入调动同学们课下技术研究的积极性，让广告专业的同学们在第一时间得到锻炼，并且在研讨的过程当中，能够完全地实现自我思考，让同学们的创新实践能力得到提高。

（3）个性化

个性化，可以理解成不同学生性格、气质特长、学习成绩等各方面的差别。人和机器最重要的区别就是个性的差异。假如对于有着个性差异的一群学生，都用一样的教育方式，那么就相当于电脑的格式化一样，这对广告专业的同学来说是非常不可取的。

高等学校应该开设多个上课的平台，几个类型的专业划分，在学院内部可以申请调换专业学习，学院之间能够互相进行选取课程。老师和学生作为主体、一起交流互动。课程内外教学应该相辅相成，教学过程中多种类型的媒体、信息资料共同看重，对于不同学年的创新教学应该详细分类，并且制定一定的培养目标，运用增强基础、扩展专业水平、提升品质、提高注意力、鼓励创新等指导方法，为全面实行学分体制创造良好条件。课程平台包括一些基础的必修课和选修课两个类型。基础课是同学们一定要学习的课程，专业选修课是提升专业技能的一些特殊课程。实践教学的开设包括在学校内的实际工作能力的学习和学校以外的创新课程两部分组成。校内实践课程包含了课内实践、科学技术研究训练、广告设计、毕业实习和设计等课程，而课外的实践课程包括同类型的广告比赛、科学调研、到媒体和广告企业实践见习等，主要培养学生基础实践能力和创新能力。在学校内开展的讲座平台是为了开阔学生视野，提升学生整体素质，包括邀请业界高手和专家学者专题讲座、著名学术理论前瞻分享两个部分。在理论与实践结合的教学中发现学生个性，尊重学生个性，发挥学生特长，因材施教，实施个性化教学。

（4）实践性

广告专业是实践性很强的专业，所以要注重加强广告学专业学生的实际运用能力。首先创办教学实践基地，找一些专业的广告公司，把学生以实习生的名义送进企业，让学生能够在企业中学习实践技能。第二就是模拟项目，让学生们自己根据所学去完成项目，不仅能够巩固所学的理论知识，而且还能够让学生增强小组配合能力。第三是增强沟通能力，广告学有着自身的特点，所学习的知识多元化，应该突破广告专业的限制，让不同学院之间的学生增强交流；第四，找一些优秀的广告业界大咖给学生们传授经验，为就业做好认知准备。

（二）促进创新型广告人才培养的策略构想

1. 改革培养方式，突出实践性课程教学

广告这一门学科，具有高度创造性，要求教师必须打破传统的教学方式，改变课堂灌输知识的方法，建立起双向互动的、讨论式的教学方式，在课程设置上，减少不必要的理论教学的内容，提高实践教学在环节上的多维性，在培养计划的设计上根据相关专业院校理论教学和实践教学的学时数分析，开设科学的实践教学活动，并构建实验教学、专业实习、毕业实习等培养模式。

首先："通过实践教学模拟训练方式，这种方式以让学生接触基本操作方法和培养创意策划的能力。模拟训练通常采用的形式是建立广告公司或创意团队，由学生组成广告公司，学生对广告项目进行模拟的创新分析，最后形成项目提案报告。"要参照广告运作流程制作广告，从市场调研入手，进行目标定位分析、拟定策划书、实施广告创新、进行媒介分析、制作创新的广告产品。并要准备PPT，在课堂上进行展示，小组之间展开比赛。教师、学生、广告公司人员作为客户，对创新的广告作品进行提问和给出合理化建议，模拟广告公司的人员对反应的问题进行完善。其次应该请广告业界比较有名的广告从业人员定期开设知识讲座，为学生带来业界创新实践的观点、理念，开拓学生们视野，从而提升创新型广告人才创新意识。同时加大力度推动对网络文化的研讨也有重要的实际意义，它可以改变学校过去的办学理念，在网络文化平台下，以学生为核心，借助网络渠道获得新知信息，让学生的综合素养在各方面得到发展进步。

2. 突出专业特色，优化课程设置

在培养方案的课程设置上，通识教育必修课包括教育部统一要求的课程外，应添加计算机应用与基础、媒体信息处理、数据库基础与网页制作课程。广告专业课程的开课时间多少比较靠后，公共基础课程数量大，在校学生前两年的课程普遍是公共基础课和英语课，这不利于广告专业学生的发展。因此，在同一时期将这四门课程和公共课同时开展，可以使学生在学习基础课课程的同时了解专业课的相关知识理论。结合其他院校的办学特性、培养目标，一般将广告学的课程分为广告理论、专业技术和实务三个主要部分，设置课程上，要涉猎各个领域的专业知识，营销学、媒体管理、公共关系学、传播学理论、广告法律课程等作为专业基础课程；专业技术课程包含广告设计与制作、广告摄影摄像、信息技术基础等课程，把市场调研、广告创意策划、广告文案写作等列为实务。同时扩大选修课程让学生选择，以扩充学生知识广度。课程的设置必须清晰明确，避免重复的课程内容，侧重于专业理论课程和专业技能课程的相互融合，为发展知识、能力、素质三位一体的高素质创新型广告人才提供基础。

首先，在大学一年级可以设置通识课程和专业课程，广告学、营销学、广告案例分析，美学原理，信息技术基础知识等课程，在大学二年级，专业核心课程的开放，广告教学侧重于实际运用和操作，开设有关于策划类的课程，在大学第三年，主要提升学生广告设计的能力和广告制作的能力，设立广告摄影、计算机图形设计、电脑动画、影视广告、网络通信等课程。大学四年级开设的实践教学活动可以使学生运用所学知识分析问题和解决问题，安排学生到广告公司、媒体企业进行实践活动，提升自身综合能力。

其次是增加广告课程的灵活性，分析课程之间的内在关系，理顺所需的课程。在大学一年级设立广告案例分析这门课程，可以为日后开设的广告学理论做铺垫，这符合人们从感性向理性升华的思维习惯，更有利于激发学生创造思维，提升学生的创新能力。在培养方案的设计中，考虑到学生的个性发展，还设立了不同专业方向的选修课程。可让学生自由选择，围绕着信息传播方式，开设网络传播课程。伴随着网络软件和硬件技术的持续发展，学生的进步空间也在持续的扩增，网络文化比较公平、平等的特性让高等学校的学生挣脱了盲从跟随大众认识的心理束缚，更加有益于发展学生的创新思想。

2. 加强与广告业界的互动，增强学生的创新思维培养

（1）积极参加社会实践活动

加强与广告业界的互动就是带领学生加入到广告的制作和运作当中，通过对广告项目的分析，能够提高学生创新实践能力。实践教学的主要形式有：培养学生广告创意为主的假期社会实践和加入广告业创意项目策划中两个类型，假期社会实践就是学生到用人单位进行实习，在制作广告的过程中学习创新思维，开拓学生的眼界，和课堂教学进行对比分析，从而提高自身的能力。实习期间，教师应选择多个单位跟踪监督学生的实习，教师总结并归纳信息，找出课堂教学存在的问题并积极解决问题。有利于加快创新型广告人才的培养进程。

（2）鼓励学生积极参加科技创新活动

能力的培养是创新型广告人才培养的重点，学校应该设立广告创新实践中心，要有计算机和必要的器材，并且完全向学生开放。信息技术的发

展为学生们提供了一个广阔的学习平台，他们可以接触到丰富的教学内容和海量的教学信息，体会到不一样的教学形式，便于学生多方面参与学习。广告创新实践中心要有老师做指导，学生进行日常的管理，学生利用课余时间在广告创新实践中心进行创新的主题，每个小组的广告提案进行竞标，选出一个小组代表参加，然后寻求企业的赞助，在活动中有广告的策划、创作、有教师的点评，学生展示广告作品，它可以激发学生的兴趣和主观能动性可以使学生的创新能力在活动中得到快速的提升，从而提升学生学习的信心和活力。还可定期举行广告节，评委由任课教师和业界专家共同担任，每届广告节都要有不同主题。

3. 改革课程考试方式

广告学是一门应用型、实践型学科，在培养方案的设计上，设置了较多的应用型课程，应用型课程的设置主要是让学生掌握制作广告的技术技能，并不是让学生死记硬背理论知识，以通过考试为目的进行学习。所以要改变考试的传统模式，探究新型考核模式，对于传统的考试形式并不是全盘否定，应该是对现有的考试模式进行革新，建议采取交设计的方式、方案写作等新型考试体系。因为广告学是一门实践性强的学科，所以要改变一次书面考试就定成绩的方式，采取综合评估法，对学生学习过程进行评价，综合评价学生理论知识和实践能力，将应试型人才转变为应用型人才。

综上所述，创新型广告人才的培养要注重以上四个方面，所提及的培训方式是笔者的一些想法，每一所高校的广告专业在课程设置上都是不一样的，但是在市场需求上是一样的，所以就需要高校培养创新型广告人才，这是取得较高就业率的基础。广告学专业的跨学科特点要求学生要有一个良好的全面的学术知识背景，同时还要有较强的动手操作能力，学校应该重视社会市场需求状况，媒介的发展变化，跟随社会的变化适时规划人才教育模式和培养方式。在未来的广告专业人才的培养，要以社会需求为导向，以学科为中心，能力的培养为主要目标，培养学生的创新思维和创新能力，加强培养学生校内外实践的能力和动手操作能力的培训，结合中国经济发展，针对社会市场和用人单位，培养学生具有广告专业的学术知识和较强的实践能力，能够顺应时代化、信息化社会的需求。高校的创新型广告人才培养要有一个明确的定位和发展方向，正确的顺应社会的发展和创新型广告人才培养方式的改革。

全球经济一体化的进程中，广告业将融入全球的竞争中，社会的发展需要人才，人才的成长要依靠学校的教育，地方高校应该把校内外的实践教学作为人才培养的重心，要加强学生动手操作能力的培养和学生创新能力的培养，要以社会市场和企业的需求为出发点，明晰广告专业的人才定位和人才培养的要求，设定人才的培养计划和适应人才发展的教学体系，为社会和企业输送优秀广告人才。所以，在广告人才的培养上，要适时更新教学方式，使学校的教育与市场需求相互融合，加强学生的实践能力培养，鼓励学生参加多种实践训练和培训，注重学生创新思维的培养，从而提高学生的创新能力，让学生能够在未来的学习工作中学以致用、活学活用。

第七章　融媒时代高校传媒教育创新探究

互联网时代的媒体融合是传媒领域中的一场重大而深刻的变革，是一场面向未来传播的颠覆式创新。这不仅体现在信息技术的演进和媒体形态的变化，不仅体现在传媒产业发展和传媒格局调整，还体现在信息传播范式变迁和现代传播体系的重建，更体现在一种融合文化正在生成。在这样的时代背景和现实语境下，新闻与信息交叉、技术与艺术交互、传播与文化交融，传媒人才培养理念有待更新，基于课程、教法等方面的局部调整和修补式改革，对新型传媒人才的培养显得力不从心。因此，在传媒人才培养的过程中，我们需要转变传统的教育观念，从而推进传媒教育的进一步发展。

第一节　融媒时代的传媒教育观念变革

（一）从"小新闻"到"大传播"

伴随着传媒产业的发展，高等传媒教育在不断改革中探索前行。高等传媒教育肇始于新闻教育，纵观传媒专业教育的百年历史，新闻教育一直处于核心地位，并形成了较为稳定的专业定位和人才培养模式。1978 年到 1992 年之间的新闻改革，奠定了中国新闻传播学学科和传媒教育的基本框架，即"小新闻"取向。所谓"小新闻"，是指以采写编评、媒介经营管理等新闻业务和媒体内部业务为主的新闻学教学与研究。这种以新闻采访、新闻写作、新闻编辑和新闻评论为核心内容的新闻教育对后来的传媒教育产生了深刻影响。

这种"小新闻"框架一度俨然成为理解新闻学的基本理论模型与新闻教育的重要取向，至今依然不乏其合理性。传统的新闻教育点主要立足为传统媒体培养新闻专业人才。长期浸染在"小新闻"框架下，人们习惯将新闻媒体才称为真正的媒体，只有在报纸、广播、电视等传统媒体从事新闻核心业务的人员方能称为传媒人才。在融合语境下，在大媒体产业的现实格局下，我们对传媒人才的认识也要与时俱进。

新闻媒体只是狭义的媒体，新闻人才也只是狭义的传媒人才。当今时代是互联网时代。与报纸、广播、电视等典型的大众媒体不同，互联网更像一个庞大的信息服务平台。在互联网的强力推动下，人类社会由工业社会向信息社会转变。

在信息社会里，信息和信息传播对社会维系和发展的作用更加彰显，信息工作和知识创新成为社会生产力的主要来源。在此背景下，无论是脱胎于人文科学、侧重新闻业务能力培养的新闻学，还是根植于社会科学、强调研究能力训练的传播学，都不能满足信息社会的发展需要，一门新的学科——社会信息学应运而生。社会信息学以海量的社会信息现象为研究对象，建立新的学科体系来实现理论对信息实践的指导。有学者敏锐地指出，这绝不是简单意义上的名称更换，而是意味着人类的新闻学发展到此时，已跨入了社会信息学的新阶段。信息社会的传媒人才是信息工作者而不仅限于新闻工作者。在美国，甘奈特集团很早就取消旗下报纸的新闻编辑室而设立"信息部"。国内《今日头条》等新媒体的勃兴，证明了新媒体的核心价值不只在于新闻生产与传播，而是信息服务。

在媒体融合发展和大媒体产业的层面上重新审视当下的复杂传播图景，就打开了传媒学科发展的新视野和传媒人才培养的新思路。媒体融合是一场深刻的新传播革命，有学者把这种新传播革命重构的传媒学科新格局和传媒教育新架构称为"大传播"。"大传播"是指视野不再局限于新闻业务和媒体内部，既突破传统采、写、编、评为核心的"小新闻"框架，也跨越以"受众为重点、效果为目的"的大众传播学领域，转向以互动、沟通为重点，在更广阔的视野中探索信息传播与社会治理、国家治理、全球治理之间关系的宏观研究。

如果说"小新闻"是信息短缺时代的传媒人才培养框架，那么，"大传播"就是信息丰裕时代的传媒专业教育架构和传媒人才培养的新理念。"大传播"是将新闻传播这一相对具体的分支领域纳入一个更加广泛的范畴中来加以研究，将长期以来过于注重的媒体内容生产转向更加广泛的传播实践。关于这一点，从美国新闻与大众传播协会（AEJMC）的发展变化中也可得到证实。目前，AEJMC下设分会包括：广告、科学/健康/环境/风险传播、技术传播、传播理论与研究方法、文化与批判性研究、电子新闻、报纸与在线新闻、新闻学研究、杂志、国际传播、视觉传播、少数族裔与传播、大众传播与社会媒介伦理、媒介管理与经济、历史（新闻与大众传播史）、公共关系等。

新闻和信息的载体已经由传统的报纸、广播、电视，向数字技术和互联网转移，传统的新闻教育必须改革。美国《新闻与大众传播教育者》2014年发表社论称，社会需要融合的内容生产，新闻传播与信息科技，与计算机科技的结合越来越紧密；社会需要更多集合新闻和策略传播于一体的更加富有创意的内容，"传统新闻教育中新闻与广告、公共关系泾渭分明的偏见应被抛弃"。同时，传播与政治、经济、社会、法律、文化、技术、环境、伦理等领域交叉渗透越来越多，传播教育也发生了显著变化。在新闻与传播教育新增领域中，传播教育有超过新闻教育的趋势。

在媒体融合语境下，高等传媒教育的主要职业面向应走进更为广阔的泛媒体领域和大媒体产业，高校对传媒人才的培养，不能局限于新闻的采写编评，而应拓展到包括信息整理和信息匹配在内的更为广泛的信息服务领域，培养信息服务和创意传播人才。从"小新闻"到"大传播"，是互联网、媒体融合和大传媒产业对高等传媒教育的新要求，是传媒人才培养理念的一次大提升。

（二）新闻传播教育与传媒艺术教育"和而不同"

国内高等传媒教育有"两种取向"：新闻传播教育取向和传媒艺术教育取向。这两种取向在学科建设和专业设置上体现出明显的分野，有时甚至成为一种发展壁垒。但是，在大传媒产业格局和"大传播"理念下，这种分野和壁垒显得不合时宜，对新型传媒人培养十分不利。

按照我国现行的学科专业目录，新闻与传播学一级学科在本科层面有新闻学、传播学、广播电视学、广告学、编辑出版学、网络与新媒体、数字出版等专业。戏剧与影视学一级学科下设表演、戏剧学、电影学、戏剧影视文学、广播电视编导、戏剧影视导演、戏剧影视美术设计、录音艺术、播音与主持艺术、动画等本科专业。这种基于媒体形态和工种的专业设置在融合语境下的弊端越来越明显。按照传统的做法，新闻学专业主要培养报社、杂志社的记者、编辑；广播电视学、广播电视编导专业主要培养广播电台、电视台的记者、编辑或编导。如果局限于学科划分和专业设置，很难培养出满足媒体融合发展和大媒体产业需求的新型传媒人才。

当前，随着信息传播科技的突飞猛进，各种媒介之间的边界日益模糊，媒体融合发展成为大势所趋，这也必将促进传媒类专业之间的融合。在媒体融合发展的时代语境之下，社会信息的生产方式和消费方式发生了历史性的变革，媒体之间的界限越来越模糊，新闻与娱乐之间、传播与艺术之间在解构与重构中不断融通。新闻传播学与戏剧影视学在媒体融合背景下产生了更多的勾连，传媒教育与艺术教育、新闻教育与新闻传播教育、新闻传播教育与传媒艺术教育交叉融合。

这种融合，一方面体现在学科整合和学院名称的变化上。在美国，西北大学梅迪尔新闻学院全体教职人员在2010年就将学院的名称改为"梅迪尔新闻、媒介与整合营销传播学院"。2014年7月，拥有百年新闻教育历史的美国印第安纳大学宣布将新闻学院、电子传播学院、传播与文化学院三者合并为"媒体学院"。此举意味着，在媒体融合时代，新闻报道与策略传播、真实报道与虚构故事、公共利益与商业利益交织并行。国内高校也进行传媒院系改革，例如，中国地质大学2006年5月成立艺术与传媒学院；湖南大学2010年将广播影视艺术学院、新闻与传播学院合并，更名为新闻传播与影视艺术学院；成都理工大学2011年成立传播科学与艺术学院；西安交通大学以新闻传播、新媒体等学科专业为主体，兼顾学校在计算机、大数据、电子信息、网络安全等优势学科，于2015年4月成立新闻新媒体学院。此外，国内高校还有"影视传媒学院""媒体与艺术设计学院""设计与传播学院"等称谓。

这种融合，也体现在课程改革和人才培养方式的变化中。新型传媒人才的培养需要打破以传统媒体为核心建构起来的专业和学科限制，实现新闻传播与信息传播、媒介技术与传播艺术、创意传播与传媒文化的交叉和交融。在中国，跨学科和跨专业培养理念很安全，但在操作层面很有难度，一些高校也进行着艰难的探索。有的传媒院系通过在传统专业中增设新方向，有的通过修改传统专业的人才培养目标和培养规格，改革课程体系和教学方式等，或主动或被动地应对新型传媒人才的培养需求；有的还通过"实验班"的形式把不同专业的学生进行整合培养。

应该说，学科整合、学院改名和开设实验班，都是应对媒体融合发展的教育改革举措，也是对"大传播"理念的现实回应。但在中国目前的学科布局和专业目录框架范围内，这些举措很难大面积铺开。基于对国内高等传媒教育现状的分析和媒体融合发展趋势的判断，遂提出新闻传播教育与传媒艺术教育"和而不同"的理念。新闻传播教育与传媒艺术教育两种取向统合于传媒教育，培养信息服务和创意传播人才，"和"的是各专业的融通与和谐发展，"不同"于各高校的办学特色和各专业的培养目标定位的差异。古语讲"和实生物，同则不继"，新闻传播教育与传媒艺术教育之间，各本科专业在追求特色化发展之时，只有与互联网时代的媒体融合和谐共振，高校传媒人才培养才是顺势而为。

第二节　融媒时代的传媒专业设置

一、融媒时代高校专业设置存在的问题

（一）融媒体实践体系尚未形成

"教学作为一种系统的工程，它的完整性和系统性在很大程度上表现为教学环节自然衔接，根据年级与学期的不同，遵循环环相扣、由简入繁和由易到难的原则设计相应的教学环节"。可现如今，大多数的传媒学校在教

学理念上大同小异，都有着类似的特点：许多学校仍然只注重对媒体人才理论知识的培养，忽视或没有足够条件培养他们实践操作的能力，从而导致新闻学专业的大学生毕业后就业率偏低。社会需要的并不只是学习成绩好的人，而是具有各方面的能力和素养的综合性人才，现阶段大学里培养的新闻专业本科生和研究生依旧重理论轻实践或弱实践，这样的教学模式很难培养出社会所需的实用性人才，而是只会纸上谈兵的庸才。

中国媒体的党媒属性毋庸置疑。新闻相关的从业者都要接受良好的党性教育，有着崇高的党性思想原则，除此之外，还需要熟悉业务。这样才能更好地完成工作。进入融媒时代，需要的不仅仅是只具备以上两种能力的人才，在了解党的思想和业务工作的同时，还要兼备多种创新技能，更加注重具备多样化表达能力的人才。

融媒时代对教师的授课方法提出了更高的要求。想要培养出优秀的人才，仅仅拘泥于课本教学是不够的，首先，他需要教师丰富自身的媒介素养，对媒体的发展变化有更深刻的认识和独到的观点，才能更好地培养学生；其次，单一的语言教学要渗透进更多的实践教学，培养学生的操作能力，创新能力，从而避免学生成为只适应旧时代的，纸上谈兵的庸才，让学生真真正正的学会这项技能而不是只会完成一项作业。

对学生而言，想要更快地融入现代传媒，除了学好专业理论基础知识，要主动关注传媒业发展最新动向，掌握最新的传媒技术在学中做，在做中思，在思中成长。另一方面，学生也需要导师的耐心指导和启发打开头脑思维。目前，一些学校的新闻实验开展的少，与学校设备投入使用率低下，设备老化，更新速度缓慢等有着重要的关系，这些间接地导致学生没有良好的实践环境，学生无法熟练地掌握运用器材，最终也只能停留在对课本的理解上。培养新人才就要采用新方法，国家支持大学生自主创业创新，学校也可以鼓励学生开展对媒体的创新想法交流，成立媒体创意工作团队，融合媒体团队等，通过团队培养方式，交流、实践，让教学方式灵活多样。

有的学校积极和媒体机构联合培养人才，锻炼大学生的实践能力，从而满足社会需要。例如，重庆的上游新闻联合重庆市各大高校，成立上游新媒体研究院暨融媒实验室，目的就是追求最新理论研究动态，组织新媒体领域的论坛和研讨等，更好地将新闻事件带到课堂。充分调动大学生的积极性，让他们体验到真实的媒体环境，为将来走上岗位打好基础。

（二）专业课程体系相对老化

高等教育已经悄然发生转变，大学招收学生的门槛越来越低，甚至只要参加高考就可以成为大学生，招收的人数增多，教育条件却没有改变。

以传媒院校为例，现有的课程体系和结构有较大的缺陷。很多传媒院校的教育是由一堆散课拼接到一起，并没有完整、清晰地脉络体系，也就是所说的学科专业架构和组织架构。现在新闻专业的主方向还是新闻采访学，消息写作专稿写作和评论写作，这些是基本知识不可否认，但是媒介融合过程中这些课程的设置就显得单一。有些高校虽然也开设了网络课程，像网络新媒体技术，但课程涉及的相关内容只停留在表面，旨在让学生了解技能而并非精通技能。二者有机地结合在一起，相互依靠相互支持融合，才能搭建起"融合媒介"这座建筑。组织架构对于老化的专业课程设置来说是一剂强心剂，不需要完全推翻以前的课程，只需要让他们和子系统产生联系，这样学生就会在学习的时候产生思考，将所学知识之间产生联系，才能更好地理解媒体融合，在媒体实践中大胆创新。

二、专业设置不足的解决对策

（一）专业体系的多学科优化

传媒教育的培养目标应该是注重培养一专多能型人才，这种人才要具有新闻人才基本的素质崇高的职业良知、过硬的专业技能、多角度的思维方法。同时还要具备广阔的国际视野、深厚的文化修养等多能素养。但是现有的高校传媒教育体制有很多实际的问题，如教学课程体系老化、学科架构不健全等问题。传统课程体系的设定是以培养传统媒体的人才需要为目的，原有的课程基本都是依据单一专业发展需要而设置的，具有一定的封闭性。在新媒体发展大势下的融合媒体人才培养上，寻求课程体系的多学科优化是教育方法与时俱进、适应时代的关键。

南京大学金陵学院注重媒体融合，在一些关于融媒体的课程上，多引进业界有从业经验的媒体人来授课。同时南京大学还注重和国外的学校进行合作，如与美国密苏里新闻学院建立了密切的合作关系。开展合作的内容十分广泛，其中有邀请密苏里新闻学院的教授来讲座或授课，以及进行网络媒体教育的合作。汕头大学的新闻传播学院即长江新闻与传播学院在我国首先建成了融媒体实验室，该实验室与美国密苏里大学 Convergence 学院进行了密切的合作。旨在打造"国际化""重实践""前瞻性"的传媒教育环境；也是在 2007 年中国人民大学的新闻学院新开设了"数字新闻传播"专业。该专业开设的目的是为了新闻学科的内部整合，并强调培养更多专业的融媒体人才。调整了课程体系的结构，在理论和实践层面上向媒介融合靠拢，提高了学生对新闻信息综合处理的能力。

此外，课程体系的多学科优化也表现在跨学科、跨专业的合作。例如，在日本的许多高等学校也进行了新闻学专业的革新。日本国内的高校注重将新闻和其他的专业进行融合，形成新的院系或者专业，培养双专业的复合人才。国内，华中科技大学确立了以科技传播为主题，以新媒体为引擎的发展方向。科技传播与新闻传播将会成为一种与众不同的文理科交叉的新型人文社会科学。我们不难发现，在大数据时代，传媒人才不能止于新闻传播类的专业知识，更要触类旁通，既是"专家"，也要是"杂家"。传媒产业的核心竞争力在于人才的培养，在于培养出更多适应于时代发展的，有基本的传媒能力，并且还了解其他领域和学科的多能人才。课程体系的多学科优化是进一步推进媒介融合的重要支撑，通过培养复合型人才，完成传统媒体环境与新媒体环境的自然过渡和结合。多学科优化，使得每一门课程的教学与实践成为母系统中的一个部分，各个部分之间通过资源共享、有序链接，交流学科思想与技术，从而成为培养适应于目前时代需求的传媒人才的必可不少的基础。

国内传媒教育前沿的高校的课程设置比较完善，学科比较多元，但是课程体系的多学科优化并非一蹴而就的。在优化过程中需要注意的是，依据学生的整体素质与水平，考虑到本校学科优势和劣势，扬长避短，完成合作与转变，实现锻造跨媒体新闻人才、融合媒体人才的目标。对此，我们要站在高处，以全局为重，不可盲目推进，急于求成。要在科学论证，合理规划的基础上进行教育整改，否则将有可能误入歧途，得不偿失。

1. 减少专业设置，打破介质壁垒

随着网络科技的发展和数字技术的不断革新和融媒体的形成，这些演变影响着大众的传播方式及意识需求。如，微信朋友圈或各种直播软件都在改变人们的传统意识和传播习惯，因此在传媒教育的人才培养方面需要进行革新，打破专业间的介质壁垒，建立学科间的联系性，开通专业间信息的高度流通，减少理论与实践的隔阂，增加网络新媒体的理论知识，注重数据分析意识的培养以及相关数字技术的实际操作培养，避免课程设置局限于传统的"采、编、播、评"能力输出方向，增强专业知识的多元化。

在融媒体时代中，传统新闻专业科目的固定设置和一成不变的课程配备会使得人才在学习中获得的知识与社会实践产生巨大的异步性，导致其实践能力的欠缺，进而产生"就业难、专业不对口"等相关问题的出现。此时，改变传统单一的专业独立的培养方式，打通学科间的共通性，并且融入哲学、美学、社会学、经济学、心理学、伦理学等人文科学理论来帮助扩充专业知识的涉及面，与实事发展同步前进，由此增强对市场和社会需求的认知与了解，把传统意识中的"术业有专攻"的培养方式转变为"一专多能"的复合型人才的塑造与培养方式，减少专业对于人才的限制，不局限于本专业的固有知识，真正达到博学多闻，各学科同步运用，在多个相关领域增强认知能力和实践能力，开拓专业人才的能力及就业范围。

人才的培养需要打开创新意识的大门，不能局限于纯新闻类媒体方向的培养，应该在媒体运营和营销方面开展教育培养课程，突破学科界限，在融媒体时代中发展学科专业间的融合。在教学中分层培养多元化、多层次的专业人才，从而达到专业体系下的分流化，促使在就业时形成宽口径、多元化的人才输出。

专业间的界限化在融媒体时代逐渐淡化，可以从横向"跨领域传媒发展"与纵向"媒体中的革新"两个方面来说，前者是媒介融合的实质体现，如今无论是农业、工业还是服务行业等各行各业都需要媒体宣传来扩大其影响力和产品的口碑输出，媒体不再是完全依附于新闻类而生存的媒介载体，而是跨越到各个领域之中都能为其所用的普及性传播媒介，每个行业都可以运用互联网络或移动客户端等平台来发布宣传和相关资讯，这便是人才培养中的一个方向支流。后者，传统媒体受到强烈冲击，新媒体竞争激烈，但还是处于发展阶段，这时培养拥有创新意识和数字技术的综合型人才可以为新媒体发展提前储备人才。教学中的人才培养需要快于社会的发展需求，这便需要在专业设置中做出改变，同时在不同介质中找到共同性，才能突破原有的培养方式，创新人才教学。

2. 鼓励文理交叉，探索实验教学

在综合类大学的教学培养中，要突出"综合性"，在文理学科兼有的情况下，是基于网络技术和数字技术的支持，所以专业设置中亦需要文理学科进行交叉式教学。随着融媒体时代的到来，复合型人才是社会需求的必然要求，但是专业教学的理论知识在运用中存在着对于实操的滞后性，因此在文科的理论培养之中，适当加入理科类知识来帮助同学们建立合理严谨的逻辑思维和帮助增强实践能力。

融入理科类知识，如经济学知识，培养专业人才对于社会经济需求的认知，帮助同学们形成具有针对性的就业目标和自我能力的判断，减少对于就业认知的模糊性和个人能力的不确定，建立个人意识中的数据概念，从而在大数据时代的背景下不仅了解媒体内容更加可以扩展自身专业的知识范围，充分利用所学知识达到"人尽其才、物尽其用"的最终目标。通过文理学科的交叉教学可以开阔视野和思维，从不同角度理解专业知识，从而促进创新思维和创新意识的产生。并且加入技术类知识和操作的内容，如摄影、视频剪辑、音频编辑、平面设计、数字媒体等实验型的数字技术来辅助培养同学们的全能性。针对用户分众化的时代，传媒教育及人才培养也应该分众化，因材施教才符合复合型人才的培养要求。要避免同质化、模式化的千篇一律的人才培养方案，需要突出独特个性能力的培养，充分利用媒介融合的特质和坚持"实践出真知"的方法论，达到理论与实践的真正契合。同学们通过理科知识的运用在实际操作中与文科理论知识彼此磨合，逐渐形成个人的个性化实践能力。

正如融媒体时代中，受众的意识和审美情趣的转变与提升，更应该注重于针对受众需求的人才培养，人才要立足于社会需求就要拥有创造受众需求的能力，即复合型人才的培养亦是为受众需求所服务的。在实验教学中，除了在传统的纸媒、广播以及电视的传统媒体中进行实验教学，更应该加强在新媒体网络软件和移动客户端上的实验教学，我国融媒体的发展正处于上升阶段，在这一阶段中学生可以通过实验和探索来获得。由此在文理交叉的学科设置基础上再推进探索实验，夯实交叉学科的理论基础进而训练实践能力，从而达到综合性的学习和全方位的复合人才培养。

3. 加强同其他专业课程的联系

作为新闻传播学院，针对当前社会发展形势，依据各个专业的特色做出最符合社会需要的专业培养计划。由于各地地理、社会情况存在差异，各个学校的新闻学院的专业存在差异，大体有基本专业新闻学、广告学、广播电视学、传播学以及编辑出版学，特设专业包括网络与新媒体和数字出版专业。只有制定出科学合理的专业培养计划，各专业教师在进行课程教育的同时才能提高教育水平，收获最好的教育效果。加强各专业间的课程联系并建立相应的科研基地加强与新闻传媒机构的合作。

以复旦大学的新闻学院为例，其本科教育采用"2 + 2"的培养模式，本科学生在大学一二学年，可以在经济、社会、汉语言文学、电子信息技术四个方向任选一个，根据其教学计划进行学习；在大三、大四学年在进行新闻学院的专业知识学习，通过充分掌握新闻学知识和技能的同时，达到一专多能的就业要求。

从课程设计上，复旦大学新闻学院不仅要求同学们掌握马克思主义基本原理，新闻学院设有新闻采编、传播学研究方法、媒介经营与管理等新闻学人文类课程；还包括数字技术，网络技术等相关的理科课程。复旦大学的传播学专业开设了网络传播和媒介经营与管理两个专业方向，作为融媒教育走在前沿的学校，复旦大学新闻学院从很早就开始将实践引入教学之中，不仅经常邀请资深媒体人来学院进行讲座，老师也经常带领学生进行调查研究、社会实践等活动。

复旦大学新闻学院很早确定了面向国际办学的标准，复旦大学新闻学院与美国哥伦比亚大学新闻学院等 40 多个国家和地区的一流院系建立了人员交流和项目合作关系。学院与其他国际上合作的学校会展开相应的师资交流，或者是进行师生的短期交换培训等。以国际交流的形式加强教师的教学敏感性，让教师感受到当今社会最需要什么样的人才，什么样的教育可以满足这种需求。

在专业课程中，复旦大学新闻学院设有专业英语的课程，用于加强国际交流合作和进行专业学习。

无论是与其他大学的新闻学院进行学术交流还是与媒体机构进行实务合作对新闻学院的"双师型"教师队伍发展都起着重要作用。学习最先进的国际媒体的相关技术使我国的新闻事业的教育工作能够更加走向国际。

（二）"融合式"课程教学方法

1. 加强同其他专业课程的联系

新闻学专业很多毕业生，大多会选择本专业对口的记者这个职业。而记者也可以分为很多种类，像是法律、体育、财经等。这就要求在大学阶段除了学习本专业的基础知识，还应该兼顾其他专业的学习内容如哲学、心理、管理等专业知识，提高对不同种类知识的掌握情况，从而提升新闻传播专业学生的综合素质和能力水平。在媒介融合时代，网络成为关键性要素，网络与新闻学结合就形成了新媒体。这就意味着新闻传播学专业的教育者需要跟进新媒体、新技术的时代潮流和变化，相应的在专业课程上设置一些必要的新技术的课程，如新媒体的采编课程、新媒体的技术课程、新闻与网络融合的课程等与当下新媒介有关的课程。培养学生的全媒体意识和能力。例如在 21 世纪的第五个年头华中大新闻学院开设了新闻评论方向，以求培养出更为前卫新颖的新闻评论高才生，走出了一条带有本校优势的特殊培养道路。该院新闻学毕业生的选择方向，不再单单涉足传统的媒体，而是延伸到与新闻有关的事业单位当中，更多的是与网络新媒体有关。这些课程与传统的新闻学基础课程不同，增强了学生对于不同专业之间的认识，加强了专业学生在基础认知、实践能力及专业技术运作上的能力。在这个全媒体人才广受欢迎的数据融合时代，我国若想在新闻传播人才培养方面有所造诣，最好的出路便是"集百家之大成，汲他人长，补己之短。"——即，使新闻专业与其他专业完成一场前无古人的融合。

2. 增强对实践教育的重视

新闻专业是一个在媒介相互融合与大数据爆炸时代能够极强的显示出自身独特的业务性且不易受到巨大冲击的专业。新闻是有活的灵魂的专业，因为它的"活的特性，所以它不但要求你要记住它的基础知识，更重要的是发挥它的"活"的特质，将"死"的知识带入"活"的实践中，才能更深入地明了新闻。

传统的针对学习成果的考核模式往往采取论文的形式，存在较大的偶然性，考验不出真正的水平。培养出许多只会用理论而不会写作的人。而现在在论文的基础上又增添了许多新的实践类的考核样式。即使身处大学缤纷多彩的生活之中，也要留出时间的空隙，将自己的缺点不断完善，校报、广播台、学校官网官微等都是很好的训练平台，能够将自身略有瑕疵的素养与实践能力打磨得光滑无比，能使自己的能力最大限度地得到提高。

（三）拓展国际合作教育资源

"在 2000 年 5 月墨尔本举行的澳大利亚全国课程会议上，提出了全球化课程（World Class Curriculum）的新概念，这一概念的基本内涵就是在全球化的国际背景下进行建构本国的课程体系，放眼于本国培养具有国际竞争力的创新型新闻人才"。随着全球化和 WTO 的到来，我国作为雄起的发展中国家应当把新闻教育置于国际化视野中，培养出能够站在国际上的优秀新闻人才。

1. 增强国际文化交流活动的数量

随着全球一体化进程的不断加速，市场越来越需要国际化的新闻人才。

市场要求新闻从业者能够站在全球化视野当中诠释中国情怀。众所周知，现在是一个文化多元融合的时代，然而文化是有其地域特殊性的，不同的文化代表着不同的思维方式，在特定环境下不同的文化甚至会产生冲突，带来不必要的矛盾。而国际化的新闻人才更应该规避这一点，了解各种文化之间的差异，熟悉他国文化的思维模式，以便更好地传播中国文化。因此，学校可以组织开展国际化的交流活动，为学子们建立一个国际化的文化交流平台，让不同的思维方式和行为模式相互摩擦，从而能够帮助学生们建立跨文化视角，提升国际意识，为其成为优秀的国际化新闻传媒人才打下思想基础。

2. 搭建国际化在线教育平台

让学生了解文化差异的方式多种多样，其中最直接有效的方式就是在国外高校学习，和国外的专业老师进行面对面的直接沟通与交流。但由于让所有学生都出国学习的成本实在过大，让许多高校直接放弃了这一想法。然而当今社会是处在高速发展当中的信息社会，学校可以通过建立国际化的在线教育平台，实现学生和国外老师直接交流的想法。学校可以鼓励老师和国外专家学者及学术机构建立密切的联系，从而邀请他们定期或不定期在线上教育平台上和学生进行面对面的交流，学生可以通过平台以语音或者书面的形式直接向老师提问，以增强学生的国际沟通交流能力。除此之外，学校也可以将自身的品牌性课程放在该平台上，也与国外的学生进行沟通，传播了中国情怀的同时也能够了解国外年轻一代的思维方式，以便文化差异双方能更好地沟通及合作。

3. 构建中英文交替教学的模式

沟通是新闻能够传播的基础条件，国际化的新闻传媒人才必须拥有出众的沟通交流的能力，而语言是进行沟通的基本方式，在与他国文化进行沟通时，语言不通是必然会遇到交流障碍的，所以国际化的新闻人才必须掌握一门外语。在众多的语言科目中，英语的流通范围最为广泛，因此英语教学对新闻人才的培养不言而喻。如果能够提高外语授课的能力，在课程讲述的过程中采用中英交替式教学模式，能够大大增强学生的口语能力，使他们在差异文化交流的过程中减少阻碍，而且能够培养学生用英语进行新闻传播的实践能力，这对提高学生的专业技能、思维模式的转变、跨文化视野的拓展都有莫大的益处。与此同时，教材也应该相应地做出调整，最好能够采用英文原版教材，让学生通过书本与差异文化进行对视。另外，除了理论性课程应该进行变革之外，实践性课程也应该有所改变。实践性课程的上课地点可以选择大型外资企业周围、留学生公寓周围等等，让学生有更多的机会和外国人接触和交流。如果条件许可，学校可以给学生提供去国外进修和学习的机会，让学生在国外进行采访、编辑和播报，让学生完全在差异文化环境下制作电视短片，撰写节目策划，这样能够最大限度地让学生适应差异文化的沟通模式，其国际传播能力将大大增强。

第三节 融媒时代高校传媒教育教学方法实践与创新

蔡雯教授认为我国媒体融合面临着五大问题，其中的一个问题便是"新闻传播人才培养与新闻从业者素质能力的提升问题，首先是对多种媒体的内容生产进行统筹策划和资源配置的能力；其次就是对多样化新闻信息的来源进行甄别以及对新形态的传播进行把关的能力；三是对碎片化并且繁杂的信息进行整合、对嘈杂的社会舆论进行引导和平衡的能力"。提高新闻学子能力，势必要对新闻教育进行改革，改革已经是媒介融合时代新闻传播教育的必然之路，现在的重点是如何改革，改向何方，要解决这一问题最重要的就是解决好现今传媒人才教育出现的种种弊端。

一、改进传媒教学方式

（一）重视技术对传媒教学的作用

媒介融合是大势所趋，作为新闻传播行业的教师，应及时关注媒介融合背景下的业界变化和发展状况，及时更新自己的教学理念，做到与时俱进。同时还应加强对学生观念的时新性引导，传授新的新闻思想，而不是旧的、落后的新闻观念。鼓励学生关注时事变化，在老师教育的基础上自己摸索出一套有关媒介的学习方法。

比如，当今是媒介融合时代，是大数据时代，新闻教学就要及时将新潮的"数据新闻"介绍给学生。国际数据新闻迅速发展，近年来我国的新闻媒体包括央视、澎湃、人民网、搜狐等都出现了数据报道新闻的方式。在高校。"截至 2015 年 4 月，北京大学新闻与传播学院虽然尚未开展数据新闻课程，但已将目光聚集在数据新闻训练这一方向上。2015 年 5 月 14 日该学院举办了华北地区一线传媒从业人士为期三年半的数据叙事与可视化应用媒体训练营"。同年，清华大学在 2015 年成立了大数据硕士项目教育指导委员会。清华大学也将大数据应用到其他的学科之中。除了清华北大外国内其他的知名院校也开展了数据新闻的教学。国内主要高校紧紧与时代接轨，开设先进课程，相信我国高校会有更多加入到数据新闻等新课程的行列，从根本上改变传统教学理念。

（二）建立高校与媒体合作的平台

媒介融合是当代传媒发展的基本趋势，对于传媒类学生来说，单纯的课堂教学是远远不够的，要重视与一线媒体的联合，同当地媒体加强合作，让学生在学习理论知识的同时，不与实践脱离，从媒体中了解当下形势，从而培养全面发展的新型媒体人。

"新闻教育不能仅仅从概念到概念，从理性到理性或者演绎理性，新闻学子应当在现实的沃野中找寻富矿，成为矿主，这就要进行严格地准职业训练"。新闻学界理论性强，新闻业界注重实践，把两者的新闻理念融合在一起，有助于培养媒体人的综合能力。媒体为了尽早培养自己所需的人才，会派遣资深媒体人深入课堂去开办讲座，传授知识，将业界的变化和积累的经验传授给学生们，让他们对将来从事的行业有相关的了解。例如山东大学就注重和大众报业集团合作，一起成立了具有特色的"山东大学大众新闻传播培训中心"，把高校的学术优势和媒体的实践经验结合在一起培养专业人才。同时，有的媒体还会给学生们提供实习的平台，为他们将来顺利的工作做铺垫。除此之外，高校也会把教师派往到媒体机构锻炼他们自身的实践能力，丰富他们的理论课程。山东师范大学的教师就组织受众调查项目，通过运用实证研究的方法考察分析传媒市场，为媒体策划和运作提供参考。

当然，这种训练不能只靠学生自身来完成，还要通过学校与媒体的共同合作来完成。为避免新闻传播专业学生理论与实践脱节的情况出现，高校一直在努力搭建学校与当地媒体合作的新平台，目的就在于完善学生实习机制，提高新闻专业学生对新媒体的适应能力，完善教师工作评价机制，用这些方式来提高学生学习及老师工作积极性。身处新媒体时代，对记者的要求也是全新的。中国传媒大学等众多高校都在相关课程进行改革，在原有的理论课程基础上，增加一线媒体人的实践教学，使学生更直观地体会到新媒体形式下媒体人的具体操作，邀请一线的新闻工作者在课堂上向学生传授媒体工作经验，增加学生听讲座的机会，让学生对未来有危机意识从而更加努力积极地面对新环境。新媒体形势下需要新人，更需要的是有能力有才识的新人。近来高校特色办学成为热议话题，高校发展过程中除了对自身学科布局特色的把握外还应该重视学校与外部环境相结合的宏观机制。上海大学在联系当地媒体实践教学中，以"培养全面发展的具有创新精神的人才"为其实施的最终目标。

密苏里新闻学院院长认为：新闻学院应该将训练学生从适应单一方面媒体向适应多媒体发展转变。山东师范大学在这方面做了积极尝试，南京大学为适应时代发展需求也开设了媒体融合专业，在众多高校开设新专业上不难看出，与当地媒体合作的重要性，既能给高校学生提供实践平台，又能掌握新媒体发展最新动态，使学校以最快的速度得知当下的人才类型需求，从而为学生安排最新型有效的教学形式。

北京因其有地区优势和优秀的教学资源成为开设传媒类院校最多的地区，另一方面也是因为中央电视台，中央人民广播电台，北京电视台等强势媒体，强大的媒体资源为该地区高校传媒类专业提供了很好的实践和发展平台，可以看出传媒高校的课程建设与当地媒体紧密相关。天津师范大学为了给学生搭建更好的平台，与天津报社和天津广播电视台及北方网成为合作伙伴，与天津师范大学合作的各个单位必须为该学校学生提供实习岗位，让学生在校期间也能有实习机会，实现学生与业界的交流能力。但同时，我们也该看到在经济水平、政策扶持、教育环境等因素的制约下，全国各地区的媒体活跃度参差不齐，当地媒体可为当地高校新闻传播人才提供的机会存在差异。切不可以脱离实际现状，只注重理论教学，使传媒类学生不能拥有亲手操作新媒体的实践，缺乏对当下形势的认识，这样既脱离实际又缺乏特色。为培养新型新媒体人才，加强与当地媒体的紧密联合迫在眉睫，使课堂既有理论铺垫，又不乏经验传达及实际操作讲解从而为新兴媒介融合培养全面发展的复合型人才。

二、确立实验教学平台标准

(一) 开展大数据平台建设

随着"人工智能"发展,大数据和算法逐渐改变着新闻行业,报道新闻和处理资料都离不开数据整理。从现在产生大数据的时代背景来看,大数据的含义有狭义和广义的区分。狭义上为,数据的形式和规模有多样性、规模性、价值性和实时性四个基本特征。而广义上为,大数据不只是区别于传统数据的大,也有不同于传统数据处理的技术。

由于对大数据的普遍应用,社会环境对媒体人的需求也发生了变化。媒体人已经不像传统媒体人,那样对新闻资源的挖掘仅仅根据记者采访得来的有限资源进行新闻创作。而是应该充分利用各种科技手段,进行大数据分析,将广泛的新闻素材和事实数据整理编排,制作出符合自己媒体定位、符合目标受众的作品。

很多学者都称,现在是一个信息爆炸的社会,每个人都面临着被众多庞杂信息轰炸。在另一方面也说明了,媒体人需要处理的数据也更多更庞杂,形式更加多种多样。由此可见,媒体人熟练掌握大数据平台的应用,为受众提炼他们更关心、更需要的信息,使数据变成最称职的线人,是现在这个时代的必然结果。

新闻业界的种种新技术迅猛发展,但是高校教学的专业技能却与业界需要的人才和技能稍有脱节,这是每个学校都会面临的情况。由此,为广大新闻专业学生构建一个真正意义上的融媒实验室,能够方便大学生在毕业后更好地适应业界工作。

由此可见,在这样的时代背景下,各大高校开展大数据平台建设至关重要。目前全国有很多新闻传播院系都在开设与数据相关的课程和专业。

例如，暨南大学新闻传播学院也开设了数据新闻教程，教导学生如何进行数据挖掘、数据分析以及数据可视化之类的训练。让学生在学习的过程中就进入了实践环节，直接对接行业的新需求和新技术。

2016 年，在哥伦比亚大学做了一个培养学生学习"数据新闻"的一个尝试。在以新闻学、社会学和人文科学的背景下，培养新闻学硕士学位的学生学习怎样编程，怎样处理数据图表的技能。

这样的数据新闻教学方式，为我国的高校"大数据平台"建设提供了借鉴。高校的新闻专业的教学内容，应该开展聚焦数据挖掘、数据分析处理、数据可视化等数据新闻技术。同样在教学师资上，也应该利用各种网络平台，整合师资及传播平台资源，跨界合作，促进数据新闻教学良好发展。让新闻专业的学生，既具备数据的采集能力也有新闻的摄录编播的能力。

在教学实践中，开展"大数据平台"建设让新闻专业学生掌握各种大数据基本技术，提高学生进行实际数据分析和处理的能力。让学生理论和技术相结合，培养学生成长为新闻业界需要的能力，为新闻业界输出专业人才。

（二）推进融媒实验室的建设与运用

融媒时代，各种各样的传播方式层出不穷。这就意味着，媒体人要与原先不一样，媒介形态也要有所区别。随着媒介融合技术的发展，使得广播电视行业与其他媒体之间差异逐步缩小，同时也在不断催生新的发展技术和形态。在当前的新闻传播发展中，逐步出现了大数据、舆情研究、融合新闻等诸多前沿热点领域。这些前沿热点在一定程度上代表着未来传媒行业发展的新方向，而每一个新闻专业的学生都应该适应这种社会发展的趋势，学习业界新闻传播前沿的课程。

比如，每年的两会都可以看到每年媒体设备的发展和变迁，也代表着新闻专业的学子应该具备以下的技术。在 2017 年两会报道时，多数两会记者都在使用"钢铁侠"，它的专业学名是"多信道直播平台"。一名记者就可以独自完成采、编、播，并且能够实现全景录像、AR 直播、直接和受众互动等效果。使记者变身三头六臂的"钢铁侠"，能更好更快完成报道任务。甚至有些媒体，已经出现了机器人自己写稿的情况。

以上的这些设备和技术，都是在最近几年人工智能迅速发展的大背景下逐步运用的，但是这些都是在校大学生很难学习到的。学校教的知识可能会与真正实践有些脱节，这是每个学校都会面临的情况。由此，为广大新闻传播专业学生构建一个融媒实验室尤为重要。

虽然新闻专业是更偏向于写作的人文类科学，但是现在的种种科技报道能够更好地将新闻事实真相展示给大众。将新闻多样化，在保持严肃性的同时，运用科技手段进行多方位的展示，增加可读性。就在今年，《政府工作报告》首次将"人工智能"纳入其中。在全国人大代表、科大讯飞董事长刘庆峰看来，时下，谁先拥有了最核心的技术、谁的人工智能应用发展得更好，谁就拥有了占领未来整个产业链发展的先机。

新闻工作者应该是一个全才，意思就是从事新闻事业的人要各方面都有所涉猎，从而应对各种各样的突发状况。在科技发达的今天，这句话的意义有了更多的内涵，那就是掌握各种各样的科技手段，满足不同受众汲取新闻方式的需求。随着大数据和云计算运用的日益成熟，媒体人已经不像传统媒体人对新闻资源的挖掘仅仅根据记者采访得来的有限资源进行新闻创作。而是应该充分利用各种科技手段，进行大数据分析，将广泛的新闻整理编排，制作出有个性化、传播力的作品。

以上足可看出，大学生掌握现代科技的重要性，因此学校应该设立相关的实验室，让大学生更好更快成长，为新闻业界注入成熟新鲜血液，为社会做出更多贡献。

目前，有许多大学都搭建了新闻媒体实验室，效果也很突出。比如中国人民大学搭建的新闻学院实验室融合数字技术，多媒体技术，互联网技术等多种技术，真正实现了融媒教育，该实验室主要用于视频编辑，文字、网页编辑、广告创意制作，数字技术教育等方面，分别面向广播电视编导，新闻学与传播学、广告学专业的学生。各个方面各具特色又相互配合，形成了"1＋1＞2"的传播效果，满足了全媒体时代的新闻实践教育工作，从传播渠道上实现了报纸、电视、广播、网络四位一体的制作。实现了新闻采编、多媒体信息制作、新闻图片制作、网络视频制作、广告创意制作等多种媒介并存的教学模式。在传媒的内容生产者、渠道、平台三方面都实现了实验室教育。

美国密苏里学院不但首先建设媒介融合实验室，还帮助了其他国家和地区，如中国汕头大学和南京大学建立融合实验室，人民大学在此方面也制定了自己的计划，做了如下的课程设置，分别安排了基础技能、通识教育、专业教育、发展指导等方面的课程。相对于传统的课程来说改动了毕业所需修读的学分，所设专业更加贴近新媒体的发展方向。华中师范大学也实行了以数字媒体技术为特色的新课程，培养高素质人才。复旦大学确定了新的"大新闻传播"的新闻理念实行教学2＋2模式，具体要求是在学生就读的前两个学期学生要选择一个非传媒类专业，在这个基础上进一步修读自己本专业的课程，在就读的后两年，再继续专攻专业基础课程。这样的发展趋势会越来越有感染力带动力，为学生打造新的平台，为学生创造新的机遇，结合教育目标不模糊，教育资源不短缺，打造师资力量健全，学生接受新方法能力强，设施设备先进的新媒体培养队伍。

美国密苏里大学新闻学院在2005年就率先开设了媒体融合专业，招收"媒体融合"专业的本科生和研究生，并力图为学生打造一个真正的媒介传播环境。新媒体实验室无疑是把学生实践和操作能力落在了实处，使学生在学校可以开展各种媒体实践活动，实验室的建设还在不断完善和摸索中，但这样的新形式和新方法值得推进和朝其努力。让广大学生在学校就与社会接轨，真正为传媒行业输入高质量的人才。

三、加强师资力量建设

（一）积极参加新闻教学前沿的培训交流

中国人民大学新闻传播学院在 21 世纪初，学院为加强新闻学交流合作，通过和中国人民大学新闻与社会发展研究中心联合主办的"世界新闻传播100 年"国际学术研讨会、与哥伦比亚大学新闻研究院和 CBS 联合举办的"世界新传播新技术发展及其影响"国际研讨会、与国际传播学会 ICA 合办的"WTO 与中国新闻传媒业发展"研讨会和"媒介集团化与我国传媒业改革"研讨会等，与来自海内外学者进行新闻学术交流合作。

中国人民大学新闻学院还与其他国家大学的新闻学院进行交流合作。与美国密苏里新闻学院、哥伦比亚大学新闻学院等，日本的东京大学社会情报局，俄罗斯的莫斯科大学新闻系等世界一流新闻教育机构有着密切的交流和合作关系。

（二）聘请业界专业人士进入课堂

"新闻传播教育学科是一门应用类学科，需要把学校新闻教育的课堂学习与新闻实际运作结合起来，达到无缝对接的效果"。针对高校新闻传播类人才培养追求偏复合型，缺少学科专业优势的问题，融合媒体人才培养特色问题的解决办法之一在于聘请业界专业人士进入课堂，进行有针对性、有专业性的交流与点拨。

学界和业界可以互聘师资，让师生走近媒体参与新闻实践，让身在新闻一线的记者、编辑走进课堂介入新闻教育。如清华大学新闻与传播学院的"名记者研究"，学生们不仅可以直观了解中国新闻人及其精神风貌，把握新闻与社会的有机联系，而且还能得到人生的启迪。清华大学还出版了《新闻人生——名记者清华演讲选》，反映新闻事业的精神面貌和精神世界。此外，复旦大学的"新闻实务"与中国人民大学新闻学院不定期的"记者讲座"等，也都是以聘请专业人士进课堂的教学方法提高了专业学科教学的实用性与前沿性，不仅优化了师资结构，而且活跃了学生的思维。专业人士自身的经验经历以及他们所接触到的传媒领域的新鲜讯息能够给学生的思想提供一个新平台和新思路，激励学生脱离死板的应试思维模式，成为一专多能型媒体人才。

聘请业界专业人士进入课堂，有助于帮助在校生找到自己的定位和方向，实现学生学科知识基础、专业素养基础以及媒介思维基础的提升。在此基础上，进一步引领同学们培养媒体直觉、拓宽媒体视野、跳出旧媒体思维惯性，在充分利用现有条件的同时，实现创新与发展。这种专业人士进课堂模式，也可以应用在高校校园媒体的建设上。校园媒体以广播、电视、网络的方式为学生提供了一个自身参与的业务实践平台。在实践的具体过程中，聘请传媒领域专业人才进行指导，让学生在校园内体验广播、电视、网络媒体的执行流程。通过业内专业人士从"外"入"内"的信息技术传递可以使在校大学生零距离地接触行业脉搏，了解行业前沿的动态，增强学生的职业意识和职业操守，缩短学校应用人才培养与新闻行业任职要求的距离，调节人文社会学科部分学生存在的浮躁心理。

但在聘请人选的选择上要充分考虑到其在相关领域的专业性和具体教学水平，课程的内容、言论更要符合社会主义新闻事业的主旋律。

四、争取新闻教育改革资金

(一) 地方高校争取教育资金

至今为止，传媒教育已有一百多年的历史，相对其他学科来说，它虽然是后出现的新兴事物，但其教学范围更加广阔。既要涉猎人文、社会、科学、自然等多个学科领域的知识，还要和社会的发展变化相适应。尤其是在信息传播速度快、媒体融合度强的当今时代，仅仅依靠课堂上所学的理论知识和培训，已经远远无法满足培养专业媒体人才的条件。那么，到底要做出怎样的调整，才能真正地发挥传媒教育的作用呢？针对这个问题，近年来，许多传媒高校都进行了积极探索，比如在教学内容、教学方法、教材建设上加大创新力度，在教学管理上调动教师投入更大的热情和精力，在传媒技术革新上整合资源，结果却大都差强人意，收效甚微。归其根本，还是教育资金的投入不够大，无法推动传媒教育实现真正改革和创新。

在这方面，中国人民大学新闻学院却取得了值得借鉴的阶段性成果。2006 年，中国人民大学新闻学院获得了项目启动资金，开启了跨媒体实验教学探索全媒体型专业人才培养模式。这套改革模式中的每一项都需要强大的资金作保障，课程需要提供大量可以进行技术试验的跨媒体实验工作坊，还要聘请新闻媒体的专家组建"跨媒体实验指导专家委员会"，以定期对学生的跨媒体实验进行指导，并对学生独立完成的跨媒体作品进行评审和奖励。虽然消耗了大量的资金，但经过近十年的发展探索，此项目已经获得了巨大的收益，产生了大量的科研成果，并反哺到教育教学之中。目前，中国人民大学新闻学院已经凭借此项目，在传媒教育上占领了领先优势，探索出了一套完整的传媒专业人才的培养模式，越来越多的政府、企业、社会团体联系学院办各类培训的请求应接不暇。这种新变化对传播教育产生了启示：唯有将教育资金这个"源头活水"先打通了，教育水平的硬件条件得到了充分改善，传媒教育改革创新的效果才会源源不断的得到释放，让培养新媒体人才的创新之举产生良性循环。

因此，各大高校要坚持把改善教学条件作为一项重点工作来抓，按照教育项目优先安排，教育投入优先保障，教育经费优先拨付的原则，不断加大投入力度，有效保障高校基础建设得到顺利推进，促使传媒教育改革条件得到改善，进而全面推进传媒教育改革创新项目的进程。近年来，我国对高校教育资金的投入逐年递增，单是 2016 年高等教育经费就投入了9518 亿元，对教育事业加快发展起到了巨大的推动作用。但不能单靠国家的鼎力支持，各高校还要多角度、全方面地争取教育资金，取得社会以及个人的大力支持，采取政府拨款、社会投资、个人投入多措并举的方式，建立各级各类教育资金体系，安排专项配套资金，让改革硕果频出，创新氛围焕然一新。

(二) 加强对实习基地的投入

现阶段的传媒教学，虽然都在致力打造专业的传媒人才，但仍然出现了一个"怪现象"：媒体需要的人才高校培养不了，高校培养的人才媒体不好用，大多高校毕业生新闻采写编评实践能力欠缺，需要在工作中重新"回炉"，以实战经验提高工作质量，费时又费力。为了摆脱这种教育与传媒业脱节的困境，目前，有些高校已经开始创新新闻教学模式，自编教材，力求将实务工作经验融入每一堂课中去。比如将即时新闻事件与学生共同分析，变课堂成为采访现场的情景教学，现场解答学生在采写中遇到的疑难等。这些措施虽然取得了一些成效，但还是无法让学生的综合能力得到大幅度的提升。

传媒教育是一门实践性非常强的学科，要想让高校毕业的传媒人才真正适应社会的需求，必须做到理论联系实际，而且重在实践。加强对实习基地的投入，让传媒专业的学生投入到真正的工作中，精准、及时、全面地进行各类新闻形式的报道，解决采写中遇到的疑难，才能助其快速成长。近年来，西南政法大学全球新闻与传播学院在实习基地方面的重视，对其他传媒教育高校也是一个良好的借鉴。该学院通过和《重庆商报》联合开展"蓝鲸计划"培养方案，选拔本专业的学生进报社实习，实现校企深度合作，为学生提供与新闻一线单位工作的机会，提升学生的实践能力。同时，与CCTV（中央电视台）社会与法频道合作创建了研究基地，由学生全程参与并制作了深度访谈《崛起》《热点面对面》等热门节目。并于2013年，承办了"移动互联与媒介创新高峰论坛"，建立了"西政——零点媒介传播基地"，让学校众多传媒专业的学生都得到了丰富多样的实习机会，真正体验到了理论联系实践的过程。并在实践工作锻炼中，学到了课堂上所学不到的知识，发现到自己的缺点和不足，甚至在工作能力、团队执行能力以及协调能力都得到全方位的提升。到目前为止，西南政法大学全球新闻与传播学院已经创建了29个校外教学实习基地，覆盖到北京、上海、广东、海南、四川、云南、贵州、广西、重庆等地，初步形成了立足重庆、辐射西南、北上南下东进的格局，满足了高校生实习的需要，让传媒学生不再是校园里只能接受理论灌溉的花朵，而成为了传媒战场上一批敢于行动、敢于冲锋的无冕之王。

随着媒体技术在不断更新，全新的教育理念也层出不穷，加强对实习基地的投入，已经成为适应新媒体环境下传媒教育变革及发展的必然要求，也是当今时代传媒教育发展的必然趋势。因此，不局限于一地一域，注重与传媒领域机构的交流与合作，融入实践经验，是一条契合当今传媒教育变革发展理念、符合高等教育规律的教学改革新思路。各大传媒高校也可以充分利用"全球化"的发展机遇，将实习基地建设在海外，以开放的眼光，发挥与海外媒体合作良好的独特优势，加强教学实践合作，推动教育实践工作的开展。通过建立教学实习基地来不断丰富双方交流合作的形式和内容，当好中外增信释疑、凝心聚力的桥梁纽带充分实现课内与课外、中心与媒体、学校与机构、国内与国外之间的融合与交流，培养具有高素质实践能力的传媒人才和具有国际视野的传播人才，促进双方在教学实习、文化推广、传媒服务等方面加强交流，实现互利共赢。

第四节　发达国家新闻教育如何应对媒体融合

一、国外传统媒体与新兴媒体融合发展的特点

（一）美国传统媒体与新兴媒体融合发展的特点

美国是最早进行媒介融合改革的国家之一。21 世纪初随着互联网络技术在美国的普及，随着网站、博客、网络视频等网上传播手段的不断出现和传播形式多样化冲击了传统媒体的发展。迫于形势，美国最大的广播公司—ABC 率先进行改革，制定了媒体融合计划，将传统的媒体形式与现代网络类型的新兴媒体形式进行联姻加盟，提出了"三网融合行动计划"，使电信、电视、计算机网络等融合发展，摆脱了单一的媒介渠道，使传统的媒介形式更新换代，融入新兴的媒介网络，技术资源得到了优化，提高了工作效率，从而更好地提升了传播形象，起到了很好的传播美国形象的窗口作用。之后，随着互联网技术的不断提高和完善，美国相关部门根据媒体融合发展需要将网络规范教育等纳入法律规范，从而使美国 ABC 广播公

司成为全球最有影响力的广播公司之一。

(二) 英国传统媒体与新兴媒体融合发展的特点

英国的 BBC 广播公司在传统媒体与新兴媒体融合发展改革方面最具代表性,起初英国 BBC 广播公司是当时英国最具传统的主流媒体,由于受互联网、数字信息化等技术影响,随着社交网站,交互媒体等联络工具的兴起,他们通过调查发现,公众对传统的媒介形式关注度越来越低,传统媒体形式单一化机械化等阻碍了英国 BBC 广播公司的发展,导致英国 BBC 广播公司业绩下滑。经过大胆改革,英国 BBC 广播公司在英国国内率先进行媒介融合,将机构内部进行调整重组,编辑部将旗下的电视,电台、网络三大部门进行整合,成立了多媒体编辑部,实现了电视、电台、网络联合运营,三者不再孤立单独运行,资源优化使传统媒介与新兴媒介得到了有效结合,节约了成本、整合了资源。英国 BBC 广播公司在传统媒体与新兴媒体融合发展方面是最具有特点和特色的。

(三) 德国传统媒体与新兴媒体融合发展的特点

德国传统媒体与新兴媒体融合发展是最具有德国特色的,由于数字媒体、网络技术等不受传播限制和约束这种特点对新兴媒体既是特点也是缺点。如果没有监管,在网络空间虚拟化的背景下,很多不正当的言论和污秽会造成严重的社会影响。因此德国政府在传统媒体与新兴媒体融合发展方面非常重视网络教育,制定了网络教育法,将网络教育当成一种制度,从而优化媒体传播的空间,使媒介融合有制度保障。德国在传统媒体与新兴媒体融合发展方面充分利用数字技术和网络技术的特点进行了媒介网络化、空间虚拟化等一系列改革和措施,从而使德国在媒介融合方面走出了自己本国特色的融合发展之路。

二、国外融媒体教育现状

(一) 美国的融媒体教育

美国是互联网的发源地,融媒体教育实践也走在世界前列。1987 年,位于硅谷的《圣何塞信使报》最早推出网络版,从此美国传统媒体上网渐成风潮,阅读网络新闻的人数明显增加。发达的网络新闻业,为网络传播教育奠定了良好的市场基础。自 20 世纪 90 年代开始,美国的新闻院校陆续开设融媒体专业课程或者研究项目,其中威斯康星大学麦迪逊校区新闻与传播学院最早开设电子编辑和制作专业。1994 年南加州大学新闻系开设了一门实验性的融媒体课程,这是一门同时针对本科生和研究生的 3 个学分的选修课,主要内容涉及上网技巧和如何使用 HTML 语言以及 Photoshop 等软件搭建网站。这一实验课程后来扩展成《网络出版概论》,受到一些学生的欢迎。

2000 年,美国网络新闻协会联合哥伦比亚大学新闻学院、南加州大学安纳堡传播学院共同创办美国网络新闻奖,旨在表彰在网络新闻报道中做出突出贡献的网站。2009 年,一直面向报纸和通讯社等传统媒体的美国新闻最高奖——普利策奖首次允许新闻网站参与角逐。网络新闻终于为自己赢得了行业地位。这些因素也促进了新闻学院对网络新闻教学的重视。

21 世纪以来,网络新闻传播几乎已经成为美国所有新闻传播院校的必修课程。尽管美国网络新闻传播的课程名称并不统一,但教学内容基本一致,主要包括:网络新闻传播的定义、特征,从互联网收集信息进行报道的方式与特点,网络新闻写作,网络新闻编辑,网络新闻摄影学,相关伦理问题,网络新闻报道中图像与动画、音频和视频信息的应用和处理,新闻网站设计，网络新闻受众分析，网络新闻法规，案例分析等。网络新闻传播的教学内容，体现了美国新闻教育的实用主义传统，即重网页设计制作、网络新闻编辑等实务，轻网络传播理论。此外，新闻院系普遍没有对网络媒体盈利模式、经营管理进行教学研究。

近些年，由于各种融媒体接连涌现，传统媒体与融媒体之间的界限不断被突破，各种媒体由冲突、竞争走向融合，"媒体融合"（Media Convergence）成为新闻传播教育和研究的核心词汇之一。这个概念最早由美国马萨诸塞州理工大学的浦尔教授提出，认为各种媒介将呈现出多功能、一体化的发展趋势。在业界，《纽约时报》《华尔街日报》《坦帕论坛报》等报纸率先展开了媒体融合的实践。"他们积极改进传统采编方式，以便高效高质地向受众提供新闻服务，培养记者为多媒体平台讲述新闻故事的能力，致力于探索数字化内容的转化与再利用，并希望从中获利"。在学界，美国堪萨斯大学新闻与大众传播学院于 1999 年，南加州大学新闻系在 2002 年启动了媒体融合教育计划。2003 年对美国 46 所第一梯队的新闻院系的调查发现，多达 85% 的院系已经开始推出媒介融合的相关课程。

2005 年 9 月，经过两年的前期调研，世界上历史最为悠久的新闻学院——美国密苏里大学新闻学院创建了媒体融合专业，旨在培养学生适应日益变化的融媒体环境，利用现有的正在融合的各种平台为受众制作新闻。学院为此花费巨资新建了先进的数字化"未来媒体实验中心"，为师生创造更现代的教学实验环境。媒体融合专业的学生，在第一学年，院方给学生开设若干通识课程，以便学生们了解新闻专业的概况，在未来他们才能更清楚地选择自己的职业方向。第二学年，学生选择数门初级媒介融合课程和新闻专业课程，教学生在新闻文本中如何加入照片、视频、音频资料等。第三学年，要求每名学生选择自己的核心专业方向，围绕这个方向再选择部分高级媒介融合课程，强化多媒体制作技术，例如：网页、播客、Flash

等等多媒体产品的设计。第四学年，同学们要结合自己的就业倾向组成团队，来共同完成一个学期的基石项目，该项目必须是跟传媒相关的特殊产品或服务。比如，重新设计一个网站、为商业网站制作一个地方经济新闻专题、为一个网站设计营销战略等等。

密苏里大学新闻学院很早就确立了"从做中学"（hands－on）的教育模式，即为了让学生透彻地理解新闻业，不仅要有课堂理论讲授、研讨的形式，还要有实际动手能力培养的环节与教学环境。密苏里大学新闻学院首任院长沃尔特·威廉姆斯认为："既然将新闻确立为专业，它就既不能不强调通识、整体的文化教育，也不能偏废了实践经验所能赋予的训练。"密苏里大学新闻学院迄今仍坚持强调培养新闻记者、编辑等应用型专门人才的传统理念，非常重视新闻职业精神及新闻业务实际能力的培养，而且，是在实实在在的与市场完全接轨的新闻媒体的实践运作水平的层次上，来贯彻实现对学生新闻职业精神及新闻业务实际能力的培养。

密苏里大学在融媒体人才培养方面的先进经验，引发了国内院校的关注，如上海大学影视与传媒产业研究基地除了聘请美国媒介融合研究专家、密苏里大学新闻学院未来实验室主任迈克·麦金教授为影视学院学生开设"媒介融合传播前沿"讲座以外，还与密苏里大学新闻学院达成联合培养博士的协议，每年选送博士研究生去美国进修融媒体课程。

由著名报人普利策创办的哥伦比亚大学新闻学院与密苏里大学新闻学院同为美国知名度最高、最典型的两所新闻学院。哥大新闻学院只招收研究生，硕士研究生的四大专业培养方向之一即为融媒体。相较于密苏里新闻学院新闻传播学科内部的融合，哥伦比亚大学新闻学院则尝试实行跨学科联合培养新闻传播人才的思路和教学组织方式。2010年4月8日，哥伦比亚大学新闻学院宣布其新闻学研究生院和工程与应用科学学院联合开设一个新闻学和计算机科学的双学位硕士项目，来培养既懂数字媒体技术又有新闻制作技能的新一代专业人才。项目在 2010 年秋季开始招生，录取的学生进行总共为期 5 个学期的课程学习，其中大约三个学期在工程学院，两个学期在新闻学院。同时除了学习新闻学院和工程学院现有的课程之外，学生还将参加专门为这一双学位项目设计的研讨会和工作组。哥大的这一举动据称是第一个真正整合新闻学与计算机科学的教育项目。

除了密苏里大学和哥伦比亚大学，美国斯坦福大学、西北大学、加州大学伯克利分校、威斯康星大学麦迪逊分校、南加利福尼亚大学的新闻学院均开设有融媒体的本科和研究生专业及相关课程。

（二）其他国家的融媒体教育

随着数字媒体、融媒体的兴起，越来越多的英国高校也开设了相关课程，比如英国伍斯特大学和胡弗汉顿大学，都在 21 世纪初就建立了先进的数字媒体教学中心，还吸引了 BBC 等媒体公司和大学进行合作。此外，纽卡斯尔大学、伦敦都会大学、朴次茅斯大学等众多英国大学也开设了数字媒体的讲授式或研究类硕士课程，理论和实际结合的同时，又融入了移动传媒、互动系统等媒体新方向和趋势。

澳大利亚悉尼大学人文学院的文学、艺术与媒体系是澳大利亚融媒体与传播技术在社会科学中应用的改革先锋。其中数字文化项目是人文学院的一个跨学科项目，主要致力于融媒体、网络、通信技术、互联网以及数字文化方面的研究与教学。昆士兰大学新闻与传播学院的传播学专业也设有融媒体传播方向，课程包括融媒体写作和编辑技巧、多媒体设计和网页制作，声音、影像和互动媒体、数码信息制作和传播等。此外，如加拿大的西蒙弗雷泽大学，法国的巴黎第八大学等诸多国际知名高校的新闻传播学院都开设有融媒体、多媒体、超媒体或媒介融合专业方向。

三、国外融媒体教育对我们的启示

（一）融媒时代对传媒人才培养的新要求

1. 媒体融合意识是融媒体时代传媒人才培养的先导

在融媒体时代，网络电视、手机电视、IPTV、微博、微信、视频网站（App）等的出现让传播的外延与内涵都在发生改变，传统的报纸杂志和广播电视及计算机网络只成为媒介融合平台中的一种。各种媒介之间的界限越来越模糊，因此我国传媒人才培养应有更为宽阔的视野和顺应时代的培养目标。应调整思维模式，着眼于新闻在整个媒介融合的"大传播"链中的作用与地位，树立媒介融合意识下的新的教育观。从数字化时代的"融合传播媒介"角度审视传媒专业，使学生综合地运用多学科的知识处理传播过程中的信息选择、信息编码、受众分析、效果反馈等一系列问题。

2. 多元融合的知识构架是融媒体时代传媒人才培养的趋势。

在融媒体时代，传播渠道不再单一单向。传媒人才除了要具备传统的新闻制作、新闻运作、新闻业务等方面的知识外，还需要对广电网络、信息整合、移动传播等广告传播方面的知识进行了解和掌握。总体说来，融媒体时代传媒人才的知识储备应有以下三个层次：第一是基础性知识，如大学语文、政治经济学、计算机基础、传播学、新闻学概论、广告学概论等。第二是工具性知识，如市场调查与分析、文案策划、平面设计、广告创意与表现等。第三是跨媒体知识，如新媒体研究、媒介实务、媒介融合、数字化平台、大数据分析等方面的知识。目前，部分高校过多地注重第一、第二层次的知识，而对第三个层次的知识关注较少。

3. 创新思维和能力是融媒体时代传媒人才培养的重心

在融媒体时代，新闻发布平台的融合越来越成为大势所趋，其中又以电信、互联网和广播电视网的融合最为突出。融媒体时代的传播人将不再以传统信息的制作和发布为目的，而是以通过多媒介信息发布的能力和效度为量值，以达到经过媒介融合平台的综合处理组合使传播效果增值的结果。这对传媒人的创新意识、创新思维和创新能力都提出了更高要求，在传统传播创意创新的基础上，传媒人应考虑传播表现手法和新闻发布手段的创新，而诸如数字合成技术、5G、Web2.0 甚至 Web3.0、移动互联网、点对点传播技术、SNS 讨论组技术等新媒体技术正是其创新能力的有力保障。但当今传媒人才培养中这种融媒体环境下的创新人才还极其匮乏。

在融媒体时代，不同媒介之间的竞争和合作均在加强，媒介间的关系越来越复杂，媒介产业链不断地进行整合与重塑，这就要求我们在传媒人才的培养中，意识为先导，知识为铺垫，创新为要旨，使其能在不断发展变化的媒介环境中更好地生存和发展。

参考文献

[1] 印兴娣，蒋烨，周丽娟．媒体融合与广播电视编导专业人才培养改革——以常州工学院编导专业为例［J］．西部广播电视，2018（06）：54－55．

[2] 杜鹏举．媒体融合环境下高校网络思想政治教育生态圈构建研究［J］．学校党建与思想教育，2018（04）：50－51＋59．

[3] 王金平．高校传媒实验教学中心媒体融合发布平台的建设研究［J］．西部广播电视，2018（02）：78－79＋81．

[4] 余辉．从"叠加"到"相融"：高校媒体融合路径探析［J］．宁波大学学报（教育科学版），2018，40（01）：71－74．

[5] 方红，丁珊．地方本科高校培养应用型全媒体融合人才的思考［J］．湖北理工学院学报（人文社会科学版），2018，35（01）：76－81．

[6] 李何明．媒体融合背景下数字媒体技术专业人才培养探讨［J］．电脑知识与技术，2017，13（36）：106－107＋117．

[7] 李燕，房玉影，袁逸佳．"互联网＋"时代高校校园媒体融合发展的研究［J］．教育教学论坛，2017（51）：3－5．

[8] 孙伟，胡颖．借助媒体融合增强大学生思想政治教育实效性的对策思考［J］．思想理论教育导刊，2017（11）：134－137

［9］杨翠芳．媒体融合与新闻传播学课程体系建设［J］．通识教育研究，2017（00）：84 － 91.

［10］张鹏，孙墨笛．媒体融合背景下高校党建与思想政治教育创新路径研究［J］．传媒，2017（20）：90 － 92.

［11］王亚萍，梁丽明，邢兵帅．关于媒体融合时代新闻传播人才的需求和培养［J］．新闻研究导刊，2017，8（20）：207.

［12］麻乐平．媒体融合时代高校思想政治教育育人机理研究［J］．宿州教育学院学报，2017，20（05）：81 － 82.

［13］郭艳萍，郝彬彬，郭莎莎．媒体融合视角下当代大学生红色文化教育研究［J］．领导之友，2017（11）：77 － 80.

［14］李伟群．自媒体时代高校媒体融合困境的审思［J］．继续教育研究，2017（05）：85 － 87.

［15］陈韦宏．新兴媒体环境下大学生思想政治教育面临的困境与前景［J］．广西民族大学学报（哲学社会科学版），2017，39（03）：189 － 192.

［16］李明海．媒体融合语境下高校传媒人才培养模式创新研究［D］．西南大学，2017.

［17］陈宝色．高校宣传思想工作的媒体融合策略［J］．扬州大学学报（高教研究版），2017，21（01）：34 － 38 ＋ 43.

［18］刘近奇．媒体融合对高校宣传思想工作的影响及对策研究［D］．天津工业大学，2017.

［19］陈斌．媒体融合形势下大学生思想政治教育工作形式创新探讨［J］．淮海工学院学报（人文社会科学版），2016，14（12）：124 － 126.

［20］黄燕．媒体融合时代高校思想政治教育的创新路向［J］．思想政治课研究，2016（05）：32 － 36 ＋ 5.

［21］王兆屹．媒体融合视域下广播电视学专业应用型人才培养探索

［J］．新闻研究导刊，2016，7（17）：333．

［22］张浩．新媒体时代高校校园媒体融合的路径思考［J］．淮海工学院学报（人文社会科学版），2016，14（08）：72-76．

［23］徐妮．媒体融合与高校辅导员思政工作的关系研究［J］．教育现代化，2016，3（23）：178-179．

［24］卜新章．高校传媒实验教学中心媒体融合发布平台的建设［J］．实验室研究与探索，2016，35（08）：163-166+255．

［25］史向宾．媒体融合环境下的播音与主持艺术专业定位探析［J］．西部广播电视，2016（15）：173+178．

［26］韩晓晔．媒体融合与创新——传媒类院校教育改革初探［J］．中国高校科技，2016（07）：94-96．

［27］任秋霏．基于媒体融合的高校学生党员理想信念教育路径探析［J］．工业技术与职业教育，2016，14（02）：86-87．

［28］中国新闻传播教育改革高峰论坛聚焦新型媒体人才培养"安徽大学——方正电子媒体融合实验室"同期成立［J］．广东印刷，2016（03）：64-65．

［29］陈丹．媒体融合视域下高校新闻宣传路径探索［J］．南京财经大学学报，2016（03）：96-99．

［30］杨翠芳．警惕媒体融合环境下的技术霸权——兼论新闻传播学专业的课程设置与人才培养［J］．通识教育研究，2016（00）：105-112．

［31］张波，郑静，徐晓宗．媒体融合时代地方高校舆论引导路径选择［J］．传播与版权，2016（05）：170-171+174．

［32］张筱涵．利用融媒促进大学生思想政治教育传播研究［D］．成都理工大学，2016．

［33］乔雨．媒体融合发展背景下大学生思想政治教育实效性研究

［D］．天津商业大学，2016.

　　［34］何畅．新媒体环境下中国高校校园媒体融合发展研究［D］．湖南大学，2016.

　　［35］邸燕茹，冯博．高校校园媒体融合发展路径的思考［J］．北京教育（高教），2016（04）：14－15.

　　［36］赵明炬，李桂娟，庞勃．媒体融合发展与就业教育接受机制研究［J］．中国大学生就业，2016（06）：40－44.

　　［37］孙欣欣．析用媒体融合加强大学生思想政治教育［J］．边疆经济与文化，2016（03）：90－91.

　　［38］高立彬，宗照理，王敏，冯晨．融媒时代高校新媒体平台建设研究［J］．新媒体研究，2016，2（02）：25－26.

　　［39］吴婷．参照米切模型探索高校校园媒体融合路径［J］．东南传播，2016（01）：22－24.

　　［40］梁丽强，徐梅艳．媒体融合背景下的高校主流媒体建设［J］．大众文艺，2015（24）：168－169.

　　［41］戴蔚．媒体融合视阈下高校传媒实践平台建设新思路［J］．湖北民族学院学报（哲学社会科学版），2015，33（06）：147－150.

　　［42］王庆福，刘洁韵．全媒体业务视角下的国际传媒人才培养路径探索——以上海外国语大学媒体融合实验教学为例［J］．教学研究，2015，38（06）：68－71.

　　［43］崔雨，孙虹女．全媒体背景下高校传统媒体与新兴媒体的融合发展——以宁波高校为例［J］．宁波经济（三江论坛），2015（10）：40－43.

　　［44］柯宁，刘涛．新媒体背景下高校校园媒体融合发展探析［J］．华南理工大学学报（社会科学版），2015，17（04）：88－92＋118.

　　［45］宋桂花．以生为本：媒体融合时代新闻人才培养理念建构［J］．

临沂大学学报，2015，37（04）：54－58.

［46］郑旭，唐凯芹．媒体融合背景下高校新媒体专业的教学改革［J］．今传媒，2015，23（07）：125－126.

［47］张玥．高校校园媒体融合路径及其资讯产品设计研究［D］．哈尔滨工业大学，2015.

［48］胡正荣，姬德强．媒体融合时代传媒类高校智库的角色转型［J］．中国高等教育，2015（07）：14－16.

［49］郑丽香，翁李焱．媒体融合下高校新闻宣传工作的拓展与创新［J］．辽宁科技学院学报，2015，17（01）：65－66＋60.

［50］．新华社需要怎样的新媒体人才［J］．新闻与写作，2015（03）：8－10.

［51］王锋，辛欣．高校媒体融合可行性路径探究［J］．北京教育（高教），2015（02）：14－16.

［52］铁铮．融合发展：大学校园媒体必由之路［J］．中国高等教育，2015（02）：45－47.

［53］王锋，王猛．媒体融合背景下高校新闻宣传工作探究和思考［J］．中国高等教育，2015（02）：48－50.

［54］杨宏凌．新媒体融合背景下高专院校音乐教育专业课程体系建构与教学改革设想研究［J］．音乐时空，2015（01）：81－82.

［55］姚娟．论媒体融合背景下新闻教育改革的逻辑与路径［J］．黑龙江高教研究，2015（01）：79－81.

［56］梁宝毓．试谈在高校转型和媒体融合双重背景下地方高校新闻出版学科的专业建设［J］．社科纵横，2014，29（12）：162－164.

［57］施小萍．媒体融合背景下高校广电专业教学改革及人才培养对接研究［J］．新闻研究导刊，2014，5（16）：14＋32＋71.

［58］陈相雨．广告学专业实践教学体系优化研究［J］．青年记者，2014（32）：98－99.

［59］王晓琴．山西高校新闻媒体发展趋势研究［D］．太原理工大学，2013.

［60］杨溟，张强．打造"全能型"复合传媒人才——对全国首家媒体融合专业的探索［J］．新闻与写作，2007（10）：15－16.